Thomas Baumann

Die Verschwörung der Verzagten

W0076975

Thomas Baumann

Die Verschwörung der Verzagten

und andere Ermutigungen

NEUFELD VERLAG

Die Deutsche Bibliothek verzeichnet diese
Publikation in der Deutschen Nationalbibliografie;
detaillierte bibliografische Daten sind im
Internet über www.d-nb.de abrufbar

Folgende Bibelübersetzungen wurden verwendet:
Luther 2017, Schlachter 2000, Hoffnung für Alle
(HfA), Neue Genfer Übersetzung (NGÜ)

Umschlaggestaltung: spoon design, Olaf Johannson
Umschlagabbildung: Tithi Luadthong/Shutterstock.com
Autorenfoto: Dr. Lukas M. Baumann
Satz: Neufeld Verlag
Herstellung: CPI – Clausen & Bosse,
Birkstraße 10, 25917 Leck

© 2021 Neufeld Verlag, Sauerbruchstraße 16,
27478 Cuxhaven
ISBN 978-3-86256-171-1, Bestell-Nummer 590 171

www.neufeld-verlag.de

Bleiben Sie auf dem Laufenden:
newsletter.neufeld-verlag.de
www.**facebook**.com/NeufeldVerlag
www.neufeld-verlag.de/**blog**

NEUFELD VERLAG

INHALT

II. Vorbilder

III. Meine Freunde, die Bücher

VORBEMERKUNG

Das Reich Gottes ist eine geheimnisvolle, für viele verborgene und doch gegenwärtige Wirklichkeit. Im Durcheinander und der Finsternis dieser Welt voller Gewalt und Gier, Verachtung des Lebens und von Gottes Schöpfung, dem scheinbaren Triumph der *Mover* und *Shaker* breitet sich subversiv Gottes Herrschaft aus, lassen sich überall auf der Welt Verlorene finden vom König, der sie auch heute noch sucht, finden sich Menschen zusammen, die sich diesem König anvertraut, ja verschrieben haben, um ihn – oft mitten in materieller Not und äußerem Druck – zu loben und zu ehren. Manchmal überrascht uns der lebendige Gott mit seiner Gegenwart an ganz unscheinbaren Stellen.

Im ersten Teil dieses Buches sind es Alltagsbegebenheiten, die zum Augenöffner für Gottes geheimnisvolle Gegenwart werden; im zweiten Teil Begegnungen mit Persönlichkeiten der Geschichte. Der dritte Teil bietet Begegnungen mit Büchern, allen voran dem Buch der Bücher, die für mich wegweisende Bedeutung gewannen.

Die Texte dieses Buches sind Versuche, Gottes Gegenwart in meinem Alltag wahrzunehmen. Entstanden sind sie in einem Zeitraum von zehn Jahren in ganz unterschiedlichen Lebenssituationen.[*]

Mein Wunsch ist, dass Sie dadurch ermutigt werden, sich selbst tiefer auf Gottes Wirklichkeit einzulassen und das unüberbietbare Abenteuer, als Agent(in) des Reiches Gottes in dieser Welt unterwegs zu sein, zu erleben.

---

[*] Die meisten Texte wurden – teilweise unter anderem Titel – zuerst im Magazin *factum* veröffentlicht. „Ein ‚Stiller im Lande‘ und seine ‚Stille Zeit‘: Gerhard Tersteegen und das Gebet" erschien zuerst in: *Gemeinschaft – Das Magazin für Gemeinschaften, Hauskreise, Gemeinden und Kleingruppen* 8/9, 2017.

I.

Das Wichtigste

DIE VERSCHWÖRUNG
DER VERZAGTEN

Spionagefilme üben eine eigentümliche Faszination aus. Ein unerschrockener und mit allen Wassern gewaschener, bestens ausgebildeter und fähiger Agent überlistet hinter den feindlichen Linien mächtige Apparate und Armeen, um Schlimmes und Schlimmstes für sein Land oder gleich die ganze Welt zu verhindern.

Auch wenn der Vergleich hinkt: Sind wir Jesus-Nachfolger nicht auch so etwas wie Agenten des Reiches Gottes in einer feindlichen Welt? Baut Gott nicht gerade sein Reich mit uns – äußerlich weitgehend unsichtbar noch, aber unaufhaltsam?

Aber was ist denn das für eine Truppe, die sich da zum Gebetskreis trifft? Die einen sind psychisch angeschlagen, die körperliche Verfassung vieler reicht von schwach bis schwer krank, wenige strotzen vor Gesundheit, die eine leidet unter ihrer Arbeitssituation, der andere daran, dass er seine Arbeitsstelle verloren hat, einer hat immer wieder mit Ängsten zu kämpfen, ein anderer hat größte Probleme, sich selbst anzunehmen.

Nun, es ist Gottes Elitetruppe.

Menschen, die ihr Vertrauen nicht auf sich selbst setzen, sondern auf den König. Menschen, die ihre Sorgen und Anliegen vor Gott ausbreiten. Die zu Jesus kommen mit ihrer Last und sie loswerden. Die befreit aufatmen können und Kraft zum Weitergehen bekommen. Und die in der Gegenwart Gottes verändert werden. Von sich weg und auf den Herrn sehen und dann spüren, wie seine Anliegen zu ihren Anliegen werden.

Und verbunden mit Jesus wird es gelingen, dass Böses mit Gutem vergolten wird, dass die geliebt werden, die nicht liebenswert sind, dass Zerbrochenes heil wird, kurz gesagt: dass die Prinzipien des Reiches Gottes sichtbar werden.

Aber wir Schwachen müssen uns ganz einlassen auf unseren starken Herrn, damit das geschieht. Damit das Schwache das auftrumpfende Starke dieser Welt überwindet. Die Barmherzigkeit siegt über die Gnadenlosigkeit und den hemmungslosen Egoismus unserer Zeit.

Ich finde diesen Gedanken faszinierend. Gott baut sein Reich mit vielfach versagenden und verzagten Kämpfern wie uns. Und sein Reich ist ein ewiges Reich. Was er sich vorgenommen hat, das bringt er auch zum Ziel, mag es in unserer Welt aussehen, wie es will. Es ist ein ungeheures Privileg, dabei sein zu dürfen. Und es spornt uns an, nicht liegen zu bleiben, wenn wir gestolpert sind, sondern uns vom Herrn wieder aufhelfen zu lassen, korrigieren zu lassen, neu ausrüsten zu lassen und uns ihm ganz zur Verfügung zu stellen.

Es braucht großen Mut, der Bosheit, die uns begegnet, die radikale Liebe entgegenzusetzen, die mit dem Heiligen Geist in unsere Herzen ausgegossen ist, wie Paulus den Römern versichert. Da stehen wir keinem realen und Film-Agenten nach. Aber ist es nicht eine wunderbare Sache, an der uns Gott da mitwirken lässt?

FREI SEIN WIE JESUS

Was macht unsere Identität als Christen aus?

Ich habe schon immer Menschen bewundert, die in sich selbst ruhen. Onkel Max gehörte dazu. Er war einer der sechs Brüder meiner Großmutter mütterlicherseits – sie hatte noch fünf Schwestern –, also eigentlich mein Großonkel. Onkel Max war die Ruhe selbst; nicht wenige seiner Auftraggeber – er war Malermeister – mag er mit seinem „Nicht-aus-der-Ruhe-bringen-lassen" auch nervös gemacht haben. Das schien ihn aber nicht anzufechten, er war unabhängig von der Meinung der Leute. Ich mochte ihn. Die Gelassenheit und Sicherheit, die er ausstrahlte, beruhigte mich und zog mich an.

Vielleicht lag es daran, dass ich ein eher nervöser, ungeduldiger Mensch bin. Jemand, der es möglichst allen recht machen will, und der darüber in Stress gerät. Der nicht nein sagen kann. Der in jungen Jahren schon am Magen operiert werden musste. Streckenweise war auch mein Glaube keine große Hilfe. Weil: Da musste ich ja auch alles richtig machen. Allerdings hatte ich in meinen Eltern und in der Gemeinde, in der ich aufwuchs, auch einige Vorbilder, die mir sagten und durch ihr

Leben zeigten, dass die Beziehung zu Jesus, dem Sohn des lebendigen Gottes, meinem Befreier und Freund, das wichtigste am Glauben ist. Dass das wichtiger ist als alles Tun und Machen.

Und je länger ich mit Jesus unterwegs bin, desto deutlicher wird mir bewusst: Er ist die Schlüsselfigur für mein Leben. Wahrer Gott, Schöpfer und Erlöser, und wahrer Mensch. Wenn ich wirklich Mensch werden will, so wie ihn sich der Schöpfer gedacht hat, dann muss ich mich an Jesus halten. Er zeigt mir nicht nur, wie Menschsein „geht", er hilft mir auch dazu: Wenn ich ihn anschaue, werde ich durch seinen Geist in sein Bild verwandelt (2. Korinther 3,18). Das führt mich immer wieder in die Bibel hinein, ganz besonders natürlich in die Evangelien, in denen ich ihm auf Schritt und Tritt begegnen kann. Aber natürlich auch in die anderen Bücher des Neuen Testaments und in seine Bibel, das sogenannte Alte Testament.

Was kann ich von Jesus lernen in Bezug auf meine Identität?

Jesus brauchte nie um Anerkennung zu buhlen, er brauchte nie andere für sich zu gewinnen; seine Identität war klar. „Du bist mein lieber Sohn, an dem ich Wohlgefallen habe", versicherte ihm sein himmlischer Vater immer wieder. Das war ein fester Anker, der jedem Sturm der Infragestellung, jeder Woge der Geringschätzung und Verachtung, der Beleidigung und Lästerung standhielt und Liebe selbst zu den niederträchtigsten seiner Feinde möglich machte. Jesus war der Liebe seines Vaters gewiss. Das machte ihn frei davon, anderen gefallen zu müssen. Er konnte seine Liebe frei und großzügig verschenken. Jesus war frei.

Jesus konnte auch andere freigeben, selbst seine engsten Freunde. „Wollt ihr etwa auch weggehen?" fragt er sie, als „viele seiner Jünger [sich] von ihm zurück[zogen]" (Johannes 6,66f; NGÜ). Natürlich schmerzte es ihn auch, wenn er auf Ablehnung stieß, aber es erschütterte ihn nicht in den Grundfesten seiner Existenz. Das Fundament seiner Identität als Sohn seines Vaters im Himmel war felsenfest und gab ihm diese Sicherheit und Furchtlosigkeit, die uns so beeindruckt, wenn wir zum Beispiel das Markusevangelium lesen. Er ließ sich von nichts und niemand einschüchtern.

Jesus manipulierte nie jemanden, er übte nie Druck aus. Er ließ den reichen Jüngling, der ihn gefragt hatte, was er tun müsse, um ewiges Leben zu bekommen, wieder traurig weggehen, nicht weil er ihm gleichgültig gewesen wäre – im Markusevangelium heißt es ausdrücklich, Jesus habe ihn angesehen und lieb gewonnen (10,21) –, sondern weil er dessen Entscheidung respektierte.

Und wer sich für Jesus entscheidet, der wird diese Freiheit selbst erleben: „Wenn ihr in meinem

Wort bleibt, seid ihr wirklich meine Jünger, und ihr werdet die Wahrheit erkennen, und die Wahrheit wird euch frei machen. ... Nur wenn der Sohn euch frei macht, seid ihr wirklich frei" (Johannes 8,31.32.36; NGÜ).

Jesus war der freieste Mensch, der je auf Erden gelebt hat, und tat doch nie etwas von sich selbst aus. „Der Sohn kann nichts von sich selbst aus tun; er tut nur, was er den Vater tun sieht. Was immer der Vater tut, das tut auch der Sohn" (Johannes 5,19; NGÜ). Im Unterschied zu uns wollte er nie autonom sein.

Die Frage unserer Identität ist geklärt, wenn wir zu Jesus gehören: „Freut euch, dass eure Namen im Himmel aufgeschrieben sind!" (Lukas 10,20b; NGÜ)

Je enger unsere Bindung an Jesus, desto freier sind wir. Es gibt keine Freiheit ohne Bindung. Bob Dylan hat schon recht, wenn er uns im Refrain seines Songs *Gotta serve somebody* einhämmert: „It may be the devil or it may be the Lord, you gotta serve somebody" (Ob es der Teufel ist oder der Herr – einem von beiden musst du dienen).

Aus dem allen folgt: Wir sind dann vollkommen frei, wenn wir uns mit Haut und Haaren Jesus verschrieben haben. Bei manchen kann es dauern, bis sie sich ganz auf dieses Paradox einlassen. Bei mir zum Beispiel. Das Streben nach Autonomie steckt tief in uns. Und hält uns davon ab, Freiheit zu erleben.

So viele Ängste gilt es loszulassen. Die Angst zu kurz zu kommen, etwas zu verpassen, zum Beispiel. Aber Jesus sagt: „Wer sein Leben retten will, wird es verlieren; wer aber sein Leben um meinetwillen und um des Evangeliums willen verliert, wird es retten" (Markus 8,35; NGÜ). Bei Jesus kommt niemand zu kurz. Er schenkt Leben. Er macht frei. Er verankert unsere Identität im Himmel.

Wenn wir das wirklich ernst nehmen, heißt das ganz praktisch: Wir können den Menschen um uns herum frei, entspannt und gelassen begegnen. Müssen nicht misstrauisch sein. Unser Wert, unsere Sicherheit, unser Selbstbewusstsein hängen nicht davon ab, wie der andere mir begegnet.

Bei Onkel Max mag es in seinem Naturell gelegen haben, dass er den Menschen gelassen begegnen konnte. Bei mir ist der Grund die Gewissheit, dass mein Name im Himmel aufgeschrieben ist, weil Jesus für meine Schuld am Kreuz von Golgatha gestorben ist. Und weil er in mir lebt.

DAS STAUNEN NEU ENTDECKEN

Es ist der 12. Januar 2007, kurz vor acht Uhr. Im U-Bahnhof „L'Enfant Plaza" in Washington, D. C. packt ein junger Mann seine Violine aus, stellt den Geigenkasten vor sich auf die Fliesen, wirft ein paar Münzen als „Wechselgeld" hinein und fängt an zu spielen. Er beginnt mit der „Chaconne" aus Johann Sebastian Bachs Partita No. 2 in D-moll, einer der bedeutendsten Kompositionen für Violine – und eine, die höchste Anforderungen an den Musiker stellt.

Der Künstler lässt weitere Stücke folgen, insgesamt spielt er 43 Minuten. In dieser Zeit kommen 1097 Menschen an ihm vorbei, es ist *Rush-Hour*, fast alle haben es eilig, sind auf dem Weg zur Arbeit. Sieben Menschen bleiben mindestens eine Minute stehen. 27 werfen Geld in den Kasten, etwas mehr als 32 Dollar kommen zusammen.

1070 Leute hasten also vorbei, die meisten wenden nicht einmal den Kopf. Keiner applaudiert. Niemand weiß, dass hier einer der besten Violinvirtuosen der Welt einige der größten Kompositionen für Violine auf einem der berühmtesten Instrumente, einer Stradivari von 1713 im Wert von 3,5 Millionen Dollar, spielt. Joshua Bell war noch zwei Tage zuvor in einem Konzertsaal in Boston vor einem begeisterten Publikum aufgetreten, der durchschnittliche Sitzplatz hatte 100 Dollar gekostet.

Sein Auftritt im U-Bahnhof „L'Enfant-Plaza" war ein Experiment der *Washington Post*. Die Frage war: Wird Schönheit wahrgenommen, wenn wir ihr zu einer ungewöhnlichen oder ungünstigen Zeit – an einem kalten Januarmorgen in der *Rush-Hour* –, an einem ungewöhnlichen Ort – einem unwirtlichen U-Bahnhof – begegnen?

Eine interessante Beobachtung an diesem Morgen war, dass es eine Gruppe von Menschen gab, die durchgängig Interesse an dem Musiker und den lauten Klängen gezeigt hatte: Kinder. Jedes Mal, wenn ein Kind vorbeikam, wollte es stehen bleiben, und jedes Mal wurde es von den Erwachsenen fortgezogen.

Haben Kinder noch einen Sinn für das Schöne, Besondere oder sind sie einfach unbefangener, ist ihnen die Bedeutung des Pünktlichseins nicht so bewusst? Nehmen wir Erwachsene Schönheit nur dann wahr, wenn wir sie erwarten? Und wenn ja, an wie viel Schönem sind wir in unserem Leben dann schon achtlos vorübergegangen?

Im Gegensatz zu Kindern scheint bei uns Erwachsenen die Fähigkeit zum Staunen geschwunden oder ganz verloren gegangen zu sein.

Wir sind viel zu „abgezockt" und beschäftigt dafür; wir haben zuviel gesehen und erlebt; wir haben für alles eine Erklärung. Das Staunen ist das Gegenteil von Bescheid wissen. Abgestumpft und geschäftig eilen wir durch unsere Tage, eingekapselt in unsere kleine Welt mit ihren Plänen, Vorhaben und Sorgen.

Haben nicht auch wir Christen manchmal die größte Mühe, Gott in unserer „Stillen Zeit" zu Wort kommen zu lassen, so angefüllt ist diese mit unseren Anliegen und dem, was uns gerade beschäftigt? Nehmen wir uns genügend Zeit für das Staunen über die Barmherzigkeit Gottes; über die unglaubliche Kreativität, die sich in der Schöpfung zeigt, und über die Langmut und Geduld, die Jesus mit uns hat?

Staunen ist eine Weise, Gott zu begegnen, die weitgehend in Vergessenheit geraten zu sein scheint. Außer bei Kindern. Könnte es daran liegen, dass wir das Staunen verlernt haben, dass es so viel Unzufriedenheit gibt und dankbare Menschen „seltene Vögel" sind? Und ist nicht das Staunen eine Voraussetzung dafür, dass wir echte Ehrfurcht empfinden gegenüber dem Schöpfer dieser Welt?

Vor einiger Zeit nahm ich mir vor, das Staunen wieder neu zu entdecken und zu lernen. Mein

Schwager Markus kam mir in den Sinn. Schon in unserer Grundschulzeit, als er noch nicht mein Schwager war, faszinierte mich seine große Liebe zur Natur und seine unglaubliche Geduld, mit der er sich der Beobachtung und später auch der fotografischen oder schriftlichen Dokumentation der Flora und Fauna unserer Umgebung widmen konnte. Neben der Vogelwelt hatte es ihm bald schon das große Reich der Insekten angetan. Im Lauf der Jahre ist er zu einem ungemein kenntnisreichen Entomologen geworden. Er widmet einen großen Teil seiner Freizeit der Beobachtung der Natur unter immer wieder neuen Blickwinkeln.

In einem Jahr galt sein besonderes Augenmerk dem Wander-Gelbling (*Colias crocea*), einem Wanderfalter, der die Oberrheinebene vom Süden her durch die Burgundische Pforte kommend als „Zugstraße" den Rhein abwärts nutzt. (Seine leuchtend gelb-orange Farbe hat ihm auch den Namen „Postillion" eingebracht.) In einem anderen ist es der Kleine Eisvogel oder der Brombeer-Perlmuttfalter. Seine Aufzeichnungen umspannen inzwischen über zwanzig Jahre. Dokumentiert werden die Tagestemperaturen und Wetterverhältnisse und das Auftreten der Schmetterlinge, die Markus ins Auge fallen, wenn er in den Wiesen und Wäldern der Umgebung unterwegs ist. Dieses Jahr muss ein günstiges Jahr für die Wander-Gelblinge gewesen sein. Natürlich werden auch die anderen Schmetterlinge wahrgenommen. Die bekannten wie Admiral, Tagpfauenauge, Schwalbenschwanz und Zitronenfalter und die weniger bekannten wie zum Beispiel der Große Waldportier oder etwa der Große Schillerfalter. Vom Braunen Bär (*Arctia caja*) hat er bisher ebenso nur Raupen entdeckt wie vom Trockenrasen-Dickleibspanner (*Lycia zonaria*). Mich fasziniert schon der Klang der Schmetterlingsnamen, wenn er von seinen Streifzügen berichtet: Ulmen-Zipfelfalter, Kleiner und Großer Eisvogel, Schornsteinfeger, Trauermantel, Taubenschwänzchen …

Markus pflegt einen einfachen, sehr genügsamen Lebensstil (abgesehen davon, dass er im Schenken zur Freude seiner Nichten, Neffen, Freunde und Geschwister ungemein großzügig ist). Seine naturkundliche Bibliothek beeindruckt mich jedoch jedes Mal, wenn ich sie sehe: Die zehn von Günter Ebert herausgegebenen Bände *Die Schmetterlinge Baden-Württembergs* finden sich natürlich da, aber auch die fünf Larvenbände der *Käfer Mitteleuropas* oder mehrere Bände zu den Wespen Mitteleuropas und natürlich Manfred Blöschs *Die Grabwespen Deutschlands*. Zwei Bände *Die Wildbienen Baden-Württembergs*, Bücher über Ameisen, Libellen, Amphibien und Reptilien, Moose, das dreibändige *Handbuch der Laubgehölze* oder der dreibändige

Verbreitungsatlas der Großpilze Deutschlands; die fünfzehn Bände des *Handbuchs der Vögel Mitteleuropas* von Glutz und Bauer sowie zahlreiche antiquarisch erworbene entomologische Nachschlagewerke aus früheren Jahrhunderten.

Wenn Markus von seinen Begegnungen und Beobachtungen in der Natur erzählt, ob von der (vergeblichen) Jagd der Ringelnatter auf einen Frosch oder dem emsigen Zumauern einer Bruthöhle durch die Wildbiene, dann spüre ich seine Offenheit für die vielen übersehenen Wunder der Schöpfung, sein Staunen und seine Begeisterung.

Das steckt mich an, selbst aufmerksamer durch mein Leben zu gehen. Im Wahrnehmen des Kleinen, allzu leicht Übersehenen, das Staunen zu lernen. Und über das Staunen dem Schöpfer zu begegnen, der zugleich mein Vater im Himmel ist. Wenn ich an Markus denke auf seinen zweckfreien Streifzügen durch Wald und Feld, bin ich mir fast sicher, dass der Schöpfer sich freut über diesen Bewunderer der zahllosen so bewundernswerten Details seiner Schöpfung, die sich ja umso staunenswerter erweist, je mehr Entdeckungen man darin macht. Vielleicht so, wie ein Maler sich freut, wenn ein Betrachter vor seinem Werk stehen bleibt und sich intensiv damit beschäftigt.

Und wird nicht Gottes „unsichtbares Wesen, nämlich seine ewige Kraft und Gottheit [...] seit

Erschaffung der Welt an den Werken durch Nach-
denken wahrgenommen", wie Paulus im Brief an
die Römer schreibt (1,20; Schlachter 2000)?

NAMEN SIND SCHALL
UND RAUCH?

Anmerkungen zu einem besonderen
Aspekt der Schöpfungsgeschichte

Schon in meinem Studium der germanischen Philologie hatte es mir die Onomastik, die Namenkunde, angetan. Und die Fragen um *Entstehung und Bedeutung der Namen, Flurnamen als geschichtliche Quellen* oder die *Verbreitung der verschiedenen Namen* faszinieren mich noch heute. Namen haben eine gewisse Aura, lösen Assoziationen aus. Und können eine Hypothek für den Namensträger sein: Mit dem Namen *Trunkenbolz* oder *Bierhinkel* durchs Leben gehen zu müssen, stelle ich mir ebenso unangenehm vor, wie wenn man sich mit *Lusche* oder *Gernegroß* vorstellen muss, um nur vier Beispiele aus dem schier unerschöpflichen Schatz der hierzulande vorkommenden Familiennamen herauszugreifen. Auch Rufnamen können Belastung oder Unterstützung auf dem Weg durchs Leben sein.

In der Bibel wird den Namen große Aufmerksamkeit gewidmet. Häufig werden Zusammenhänge zwischen Namen und Charakter oder

Geschichte oder Auftrag des Menschen hergestellt. Namen sind auf jeden Fall bedeutsam.

In der Schöpfungsgeschichte gibt es diesen wunderbaren Bericht, wie der Mensch von Gott beauftragt wird, den Tieren Namen zu geben.

„Und Gott der HERR machte aus Erde alle die Tiere auf dem Felde und alle die Vögel unter dem Himmel und brachte sie zu dem Menschen, dass er sähe, wie er sie nennte; denn wie der Mensch jedes Tier nennen würde, so sollte es heißen" (1. Mose 2,19; Luther 2017).

Bob Dylan hat das in seinem Song *Man Gave Names To All The Animals* anschaulich und witzig dargestellt:

Man gave names to all the animals
In the beginning, in the beginning.
Man gave names to all the animals
In the beginning, long time ago.

(Der Mensch gab den Tieren Namen, / ganz am Anfang, ganz am Anfang, / der Mensch gab den Tieren Namen, / ganz am Anfang, vor langer Zeit.)

Und dann beschreibt er, wie der Mensch vor den Tieren steht und sich überlegt, wie er sie nennen könnte:

He saw an animal up on a hill
Chewing up so much grass until she was filled.
He saw milk coming out, but he didn't know how.
„Ah, think I'll call it a cow."

(Er sah ein Tier oben auf einem Hügel, / das fraß so viel Gras, bis es „voll" war. / Es gab Milch, aber er wusste nicht wie. / „Ah, ich denke, ich nenn' es eine Kuh.")

Hinter der vordergründig witzigen Schilderung wird deutlich, was für eine verantwortungsvolle Aufgabe der Schöpfer dem Menschen da übertragen hat.

Gott erschafft die Tiere und bringt sie zum Menschen, „dass er sähe, wie er sie nennte". Das klingt, als ob der Schöpfer ganz gespannt ist, wie der Mensch die Kreativität nutzt, die ihm geschenkt wurde.

Der Schöpfer bezieht den Menschen, dieses besondere Geschöpf, ein in sein Werk der Schöpfung. Er darf ihm sozusagen ein Siegel aufdrücken. Was für eine Würdigung, was für eine gewaltige Aussage steckt da doch drin: Gott nimmt uns ernst: „… denn wie der Mensch jedes Tier nennen würde, so sollte es heißen." Gott akzeptiert das, was der Mensch in seinem Auftrag tut. Ist das nicht unglaublich, was der Schöpfer hier den Menschen anvertraut und zutraut? Wie deutlich wird hier schon Gottes große Liebe zum Menschen.

Natürlich *braucht* Gott uns nicht, aber er *will* ganz offensichtlich mit uns zusammenarbeiten. Er nimmt uns ernst. Auch die neue Schöpfung, sein Reich, möchte er mit uns und durch uns in diese gefallene Welt hineinbringen. Er trägt uns auf, Zeugen seiner Taten zu sein.

RESPEKT

Kürzlich fragte ich die Schüler einer neunten Klasse, was sie mit dem Wort „Respekt" verbänden. Für die meisten schwang eine negative Bedeutung mit, im Sinn von „Angst haben" vor jemand. (Die Wendung „sich Respekt verschaffen" geht vielleicht in diese Richtung.) Das hätte mich fast aus meinem Konzept gebracht.

Denn für mich ist „Respekt" nicht nur ausschließlich positiv besetzt, ich halte es auch für den Schlüsselbegriff gelingenden Zusammenlebens schlechthin. *Respekt* verstanden als *Achtung* vor dem Nächsten, näher verwandt mit *Wertschätzung* als mit *Angst*. Respekt basiert auf einer freien Entscheidung (im Gegensatz zur Angst, die ein Gefühl ist, das mich befällt.) Es gibt keine echte Liebe ohne Respekt. Respekt sucht das Wohl des Andern, nicht das eigene. Und ist das nicht die Basis jeder echten Liebe? Respekt schaut nie auf das Gegenüber herunter, sondern begegnet ihm auf Augenhöhe oder blickt zu ihm auf. Wenn ich respektiert werde, werde ich ernst genommen, dann ist meine Meinung von Bedeutung. Das tut doch jedem gut, oder nicht? Schon allein deshalb sollte ich die Menschen respektieren, mit denen ich zusammenkomme (vgl. Matthäus 7,12). Wie gesagt, für mich ist das die Grundlage jedes gelingenden Zusammenlebens. Sonst geht es um die Ausübung von Macht und darum, den anderen zu manipulieren, damit es mir gut geht.

Respekt war ein wichtiger Begriff in der amerikanischen Bürgerrechtsbewegung der sechziger Jahre des 20. Jahrhunderts. Aretha Franklins Hit *respect* greift das Thema auf, vor allem aber der selbstkritische Song *Respect yourself* von Roebuck „Pops" Staples kommt mir in diesem Zusammenhang in den Sinn. Wenn Menschen verachtet werden oder wenn auf Menschen herabgeschaut wird, wird immer auch ihr Schöpfer verachtet (vgl. Sprüche 17,5: „Wer den Armen verspottet, verhöhnt dessen Schöpfer…"; Luther 2017). Ich finde es bemerkenswert, dass bei den Demonstrationen für die Rechte der Afroamerikaner und gegen die andauernde Verletzung ihrer Menschenwürde jüdische Rabbiner, katholische Ordensschwestern und weiße liberale Theologen mitmarschiert sind, aber von (weißer) evangelikaler Seite fast keine Unterstützung kam (mit der rühmlichen Ausnahme von Billy Graham, der als einer der ersten auch die Rassentrennung bei seinen „Evangelisationskreuzzügen" in den 1950er- und 60er-Jahren aufgehoben hatte).

Aber ich brauche weder geografisch noch chronologisch so weit zu gehen: In meinem eigenen

Alltag hier und heute fängt es wieder einmal an. Johannes schreibt im ersten Johannesbrief fast ein ganzes Kapitel von unbequemer Klarheit und Eindeutigkeit zum direkten und untrennbaren Zusammenhang von unserer Liebe zu Gott und unserer Liebe zu unseren Brüdern und Schwestern (1. Johannes 3). Die gute Nachricht ist: Weil Gott mich liebt, kann ich lieben. Die Konsequenz daraus: Weil Gott mich liebt, habe ich gar keine Alternative dazu, den Andern zu lieben. Das ist das neue Gebot, das Jesus seinen Jüngern gegeben hat (Johannes 13,34).

Meine Frau erzählte mir von einer Begegnung, die ihr kürzlich sehr gut getan hatte. Ein geistig behinderter Mann aus unserem Stadtviertel habe sie vor dem belebten Eingang eines Einkaufszentrums erkannt und sie herzlich begrüßt und umarmt, worauf beide wieder fröhlich ihrer Wege gegangen seien. Sie habe sich an diesem Tag nicht besonders gut gefühlt und sei voller Selbstzweifel unterwegs gewesen, umso mehr habe sie dieses Zeichen der Freundlichkeit und Herzlichkeit gefreut und ermutigt. Wenn wir Menschen freundlich und respektvoll begegnen, dann macht das immer auch unser Leben reich.

Der gegenseitige Respekt ist in unseren Familien und Gemeinden und in der weiten christlichen Szene der Gradmesser für die Qualität der Beziehungen untereinander und auch dafür, wie ernst wir unseren Herrn tatsächlich nehmen. Wenn Paulus die Philipper auffordert, in Demut einer den anderen höher zu achten als sich selbst, dann verweist er auf unseren Herrn: „… es ist die Haltung, die Jesus Christus uns vorgelebt hat" (Philipper 2,5; NGÜ).

BEKENNTNISSE

Zu meiner religiösen Sozialisation gehörte die Erwartung, sich zu seinem Glauben zu bekennen, um Menschen mit der Guten Nachricht zu erreichen und sie zu einem Leben mit Jesus einladen zu können. Die Frage für mich war nur: wie? Was tun, wenn man vom Naturell her kein Billy Graham oder keine Corrie ten Boom ist? Glücklicherweise boten sich auch schon in den 1980er-Jahren, als ich an die Universität ging, Aufkleber mit mehr oder weniger „frommen Sprüchen" als Hilfe an. Und so packte ich in den Proseminaren oder im Lesesaal der Bibliothek dann mein Federmäppchen mit dem „Gott kennen ist Leben"-Zitat Leo Tolstois auf den Tisch. Okay, der Spruch war nicht allzu evangelistisch, dafür konnte man in der nicht sehr frommen Uni-Atmosphäre Tolstoi als einigermaßen bekannt voraussetzen.

An diese Zeit früher Glaubensbekenntnisse musste ich denken, als ich kürzlich – auf Anregung aus dem Familienkreis – ein T-Shirt erstand. Bei T-Shirts mit Aufdruck – und um ein solches handelte es sich – empfiehlt es sich ja grundsätzlich, vor dem Kauf zu lesen, welch bedeutende Aussage man in Zukunft spazieren trägt oder zu was man sich auf einmal bekennt. Mit der Botschaft des schließlich gekauften Shirts war ich zufrieden: „Ride to live the good life" steht da in einen Motorradhelm im Retrolook geschrieben. Retro passt zu meinem Lebensalter, Biker bin ich zwar nicht, aber im Ernstfall kann ich darauf verweisen, dass ich 1980 den Motorradführerschein gemacht habe und kurz danach zu meiner einzigen Motorradfahrt mit der 200er Honda meines kleinen Bruders einmal um den Block aufgebrochen bin.

Aber der Spruch liefert doch im Fall der Fälle eine akzeptable Vorlage für ein Gespräch über das gute Leben. Was ist das? Wie komme ich da ran? Denn das gute Leben zu leben oder den guten Kampf zu kämpfen, wie der Apostel Paulus seinem Schüler Timotheus rät, das sind Themen, die mich täglich beschäftigen und wozu ich in der Bibel und im Gespräch mit dem lebendigen Gott (der als einziger weiß, wie gutes Leben geht) sehr viele Anregungen und wichtige Hinweise und Ermutigungen bekomme.

Eines ist mir immer noch nicht so ganz klar, wenn ich über Bekenntnisse (in welcher Form auch immer) nachdenke: Sind sie nötig? Manchmal können sie ein Gespräch auslösen, also zumindest in dieser Hinsicht hilfreich sein. Aber wichtiger als ein zur Schau getragenes Bekenntnis ist zweifellos, dass mein Lebensstil und mein Charakter Hinweise auf das Wesen Jesu und das

Reich Gottes geben. Damit bin ich wieder beim guten Leben gelandet. Ein Leben, in der Gemeinschaft des lebendigen dreieinigen Gottes gelebt, ist ein gutes Leben. Nicht bequem, manchmal herausfordernd, bisweilen komme ich an meine Grenzen, gelegentlich geht es sogar noch einen Schritt darüber hinaus, aber es ist das gute Leben: spannend, abenteuerlich, geborgen, geleitet und inspiriert, voller Freude. Und dabei geht es nicht um mich, sondern um meinen Schöpfer und Erlöser und seine Gedanken über mein Leben, und um die Menschen, mit denen ich zu tun habe, die mir anvertraut sind, denen ich begegne, die mir von Jesus ans Herz gelegt werden.

GETEILTES LEID IST HALBES LEID

Zu meinen Aufgaben als Lehrer gehört es, von Zeit zu Zeit eine Klassenarbeit zu konzipieren. Auf der Suche nach Texten, die sich für eine textgebundene Erörterung für die zehnte Klasse eignen könnten, stolperte ich auf der Seite von *Spiegel Online* über eine Meldung, die mich berührt hat: „Haare ab für Max!"

Der 15-jährige Max leidet an Krebs. Aufgrund einer Chemotherapie waren ihm alle Haare ausgefallen. Das hatte ihn zusätzlich fertig gemacht. Und seine Mitschüler von der zehnten Klasse einer Realschule im nordbayerischen Hof auf eine ungewöhnliche Idee gebracht: Der größte Teil der Klasse, 14 Schüler, gingen zum Friseur und ließen sich ebenfalls eine Glatze schneiden. Max staunte nicht schlecht, als er zum Termin für das Klassenfoto in die Schule kam und auf seine glatzköpfigen Kameraden traf. Sein Freund wird mit dem Satz zitiert: „Wir wollten Max zeigen: Das sind ja nur Haare, die wachsen wieder." Manche Eltern waren wohl anfangs nicht so begeistert von dem Plan ihrer Kinder, fanden aber diesen sichtbaren Akt von Solidarität schließlich auch gut. Einer bekam seinen radikalen Haarschnitt sogar geschenkt, als der Friseur erfuhr, worum es ging. Mir gefällt diese Geschichte. Das mutig gezeigte Mitgefühl imponiert mir sehr. Den Kampf ihres Mitschülers gegen seine tückische und schlimme Krankheit können sie nur sehr begrenzt unterstützen. Aber ich könnte mir vorstellen, dass Max durch ihre Solidarität gestärkt wird, dass ihm das Mut gibt, weiterzukämpfen.

„Jeder soll dem anderen helfen, seine Last zu tragen. Auf diese Weise erfüllt ihr das Gesetz, das Christus uns gegeben hat", schreibt Paulus an die Galater (6,2; HfA). In dieser Disziplin gibt es auch für mich noch Luft nach oben. Das schließt das Gebet, die Fürbitte für meinen Bruder, meine Schwester, meinen Freund, meinen Nachbarn, meinen Feind mit ein, kann aber auch bedeuten, mich eine halbe Stunde an ein Krankenbett zu setzen, mir die aufgeregt geschilderten Erlebnisse einer etwas verwirrten Glaubensschwester anzuhören.

Ein Schlüssel, um dieses Gesetz unseres Herrn zu erfüllen, scheint mir das Einfühlen in den Leidenden zu sein. Dieses Mich-mit-ihm-Solidarisieren und ihm das zeigen. Es ist schlimm, sich im Leiden und in der Not allein gelassen oder gar vergessen zu fühlen, wie es manche unserer verfolgten Geschwister in den Gefängnissen und Straflagern wohl empfinden müssen. Deshalb erinnert mich der Schreiber des Hebräerbriefs daran: „Kümmert euch um alle, die wegen ihres Glaubens gefangen sind. Sorgt für sie wie für euch selbst. Steht den Christen bei, die verhört und misshandelt werden. Leidet mit ihnen, als würden die Schläge euch treffen" (Hebräer 13,3; HfA). „… als würden die Schläge euch treffen" – das bedeutet genau dieses Solidarisieren, ja Identifizieren mit dem Leid des andern. Wie gesagt, da habe ich noch Entwicklungsmöglichkeiten. Die Klassenkameraden von Max ermutigen mich mit ihrer Aktion dazu, aufmerksam zu sein und kreativ tätig zu werden.

LICHT VERTREIBT ANGST

Als kleines Kind hatte ich im Dunkeln immer Angst. Die Tür des Kinderzimmers durfte nie ganz geschlossen sein, damit durch den schmalen Spalt ein Lichtschimmer aus der Küche, in der sich die Eltern aufhielten, in unser dunkles Zimmer fallen konnte. Dieses Licht signalisierte mir: Ich bin nicht allein, nebenan ist noch jemand, der auf mich aufpasst. Nur so konnte ich mich geborgen fühlen. Dass mein jüngerer Bruder im gleichen Zimmer seelenruhig schlief, beruhigte mich nicht, im Gegenteil.

Als wir dann umzogen in ein Zwei-Familien-Haus, lag das Kinderzimmer im zweiten Stock, die Eltern hielten sich im ersten Stock auf, hier lagen Küche, Wohn- und Schlafzimmer. Und ich war immer noch ein ängstliches Kind. Dass inzwischen zwei jüngere Brüder im gleichen Zimmer fried-lich und fest schliefen, half mir immer noch nicht beim Einschlafen. Es machte mich eher nervöser. Jetzt durften die Rollläden nicht ganz geschlossen sein, durch ein paar Ritzen sollte wenigstens etwas Mondlicht ins Zimmer schimmern. Oft konnte ich trotzdem nicht einschlafen. Ich hatte wirklich viele Ängste und machte mir unendlich viele Sorgen. Eines der ersten Bibelworte, die ich auswendig konnte, hing in Holz gebrannt im Schlafzimmer meiner Eltern: „Alle eure Sorge werft auf ihn, denn er sorgt für euch" (1. Petrus 5,7; Luther 2017). Dieser Vers hat mich früh tief beeindruckt. Und ich habe mir da schon die Frage gestellt: Wie mache ich das, meine Sorgen auf Gott werfen?

Meine Mutter hat mir immer wieder gesagt: „Jesus ist dein bester Freund, ihm kannst du alles anvertrauen, er versteht dich und ist immer bei dir." Das hat mir schließlich in meiner Angst geholfen und es hat auch meinen Glauben bis heute geprägt. Christsein bedeutet für mich, in einer engen und tiefen freundschaftlichen Beziehung zu Jesus zu leben.

„In ihm war das Leben und das Leben war das Licht der Menschen", schreibt Johannes über Jesus (1,4; Luther 2017). Jesus ist das wahre Licht, das Furcht und Sorgen vertreibt. Die Kindheit liegt nun schon eine Weile zurück, aber die Erinnerung an den Lichtstreifen im Türspalt ist mir geblieben. Wenn ich mir bewusst mache, dass Jesus in mir wohnt, dann geht die Tür auf und sein Licht erhellt die vor lauter Angst und Sorgen dunkle Kammer, in der ich mich gerade eben noch befand. Ich bitte Jesus, in meine Angst und Sorgen hineinzukommen, und es wird wieder hell.

Vor einigen Jahren ist meine Mutter gestorben. In den Wochen vor ihrem Tod hatte ich die Gelegenheit, immer wieder an ihrem Krankenbett zu sitzen, mit ihr zu reden, zu schweigen, zu beten, die Geschichten von Jesus zu lesen, wie er Menschen begegnet, wie er Herzen verändert und wie er unvergängliches Leben schenkt. Wir schauten auf Jesus, den guten Hirten, der auch im finstern Tal bei den Seinen ist und dessen Gegenwart unsere Dunkelheit licht macht.

Ich verdanke meiner Mutter viel. Sie hat mich so akzeptiert und geliebt, wie ich war, mit meinen Ängsten und Sorgen, die sie sicher oft auch ratlos gemacht haben oder mit denen ich ihr auf die Nerven gegangen bin. Besonders dankbar bin ich ihr aber für diesen Rat, den sie selbst mit ihrem kindlichen Glauben und ihrem Leben bestätigt hat: „Jesus kannst du alles sagen. Er versteht dich in jeder Situation. Er ist dein bester Freund."

WAS BEDEUTET ES FÜR
MICH, LEBENDIG ZU SEIN?

Mit dieser Frage konfrontierte ich zu Beginn des Jahres meine Schüler. Sie sollten einen kleinen Text dazu formulieren. Kann sein, dass der eine oder die andere erst etwas irritiert war, aber schließlich ließen sich alle darauf ein und ich war wieder einmal überrascht von der Vielfalt und Qualität der Ergebnisse.

Wir leben in einer Zeit, in der Gewalt und Angst, Tod und Schrecken allgegenwärtig zu sein scheinen, manchmal sogar verherrlicht werden. Wie anders die Botschaft Jesu, ja der ganzen Bibel. Gott erschafft das Leben in seiner ganzen Buntheit und vibrierenden Intensität und er erhält es. Sein Ziel ist Leben, nicht Tod, Versöhnung statt Feindschaft, Gemeinschaft statt Egotrip, Erneuerung statt Erstarrung in Gefühlskälte. Jesus ist das Leben in Person. Er ist gekommen, damit wir neues ewiges Leben in Verbindung mit ihm bekommen. Einige Schüler kamen auch auf diesen Zusammenhang von Leben und Glauben. Wenn wir in die Bibel schauen, wird deutlich: Leben entsteht und gedeiht in der Gegenwart Gottes. Ja, Leben *ist* Gemeinschaft mit dem lebendigen Gott. Als Adam und Eva von der Frucht aßen, von der sie nicht essen sollten, sind sie gestorben. Biologisch existierten sie noch, aber geistlich waren sie tot. Geist und Seele waren abgeschnitten von der Gemeinschaft mit Gott, im Körper begannen die biologischen Zerfallsprozesse. Adam schämte sich und hatte auf einmal Angst vor Gott, Misstrauen – Gefühle, die er vorher nicht gekannt hatte. Aber Gott war nicht bereit, das hinzunehmen. Er kam zu uns, um uns wieder einen Weg zu bahnen zurück in die unbekümmerte Gemeinschaft mit ihm.

Jesus ist Mensch geworden, um uns neues Leben von ewiger Qualität zu bringen. Dies entsteht in uns durch den Heiligen Geist, wenn wir die Einladung von Jesus annehmen, uns mit Haut und Haaren ihm anzuvertrauen, in sein Reich, mit anderen Worten: unter seine Herrschaft zu kommen. Wenn ich in der Gegenwart Jesu, in der Gemeinschaft mit dem lebendigen Gott lebe, dann bin ich wahrhaft lebendig.

Lebendig zu sein, bedeutet dann nicht nur, mit allen Sinnen meine Umgebung wahrnehmen zu können, tiefe Gefühle zu empfinden, zu staunen, Freundschaften zu schließen, schöne oder schlimme Dinge zu erleben, sondern um die Nähe Gottes zu wissen, im Herzen seine Stimme zu hören: „Du bist mein geliebtes Kind." In seiner wohltuenden Gegenwart aufzutanken, in seinem Licht das zu sehen, was in mir nicht in Ordnung ist, und es in Ordnung bringen und mich vom Heiligen Geist verwandeln zu lassen in das Bild Jesu. Dann bin ich lebendig, selbst wenn meine äußerlichen und seelischen Kräfte nachlassen, ja, auch wenn ich vergesslich werde, nicht mehr viel auf die Reihe bringe oder gar ans Bett gefesselt bin. Der lebendige Gott in mir und um mich sorgt dafür, dass ich lebe, selbst wenn ich sterbe. Wenn ich mit Jesus unterwegs bin, bin ich lebendig, selbst, wenn mein Leben gerade nicht so reich gesegnet ist mit den Höhepunkten, die mir sonst das Gefühl geben, lebendig zu sein: der Blick über die ins Sonnenlicht getauchte Rheinebene vom Vogesenkamm nach einem anstrengenden Anstieg, ein gutes Gespräch mit einem Freund, das Lächeln eines wildfremden Menschen, dem ich gerade versehentlich die Vorfahrt genommen habe, der Eisvogel, der nur wenige Meter von mir entfernt ins Wasser taucht, die Kurznachricht eines unserer Kinder: „Prüfung bestanden!" – die Liste ließe sich unendlich fortsetzen.

Was bedeutet es für Sie, lebendig zu sein?

WARTEN UND WACHSEN

Warten Sie gerne? Ich nicht – und ich habe bisher auch noch wenig Zeitgenossen getroffen, die das Warten in der Schlange vor der Supermarktkasse, vor der roten Ampel oder vor einem wichtigen Termin genossen haben. Wenn ich auf etwas oder jemand warten muss, dann wird mir deutlich, dass ich bestimmte Dinge nicht im Griff habe, nicht alles steuern kann; dass sich manches meiner Kontrolle entzieht. Ich muss einfach warten, bis der angekündigte Besuch kommt, die lange bestellte Sendung eintrifft usw. In den Tagen, in denen ich über den Text für diese Kolumne nachdenke, sehe ich mehrmals täglich im Briefkasten (und sicherheitshalber auch im Zeitungskasten) nach, ob die vor Wochen bestellte amerikanische Zeitschrift endlich da ist. Die Nachbarn – ich wohne auf dem Dorf, da bleibt nicht viel verborgen – machen sich womöglich schon Sorgen, was mit mir los ist …

Mein Großvater war Bauer. Er war kein hektischer Mensch. Bei allem, was er tat, strahlte er eine gewisse Ruhe aus. Ob das sein Naturell war oder ob das durch seinen Beruf kam, weiß ich nicht. Aber sicher hat der Rhythmus von Säen und Ernten, die Abhängigkeit von Gegebenheiten und Bedingungen, die er nicht beeinflussen konnte – dem Wetter beispielsweise –, ihn Warten gelehrt. Warten hieß in seinem Fall auch vorbereitet sein: Wenn nach Tagen des Regens endlich die Sonne wieder schien, durfte nicht getrödelt werden. Dann war alles bereit, damit die Ernte eingebracht werden konnte. Aber bis es soweit war, galt es zu warten. Es gibt eben Dinge, die können wir nicht beschleunigen oder erzwingen.

Vielleicht ist das auch der Grund, dass Gott in unserem Leben immer wieder Zeiten des Wartens „einbaut": damit uns bewusst wird, dass nicht wir die Dinge steuern und alles „im Griff haben", sondern der lebendige Gott. Er ist es, der den Rhythmus unseres Lebens vorgibt, und wir tun gut daran, uns auf seinen Rhythmus einzufühlen und einzulassen. Abraham wartet darauf, dass Gott sein Versprechen erfüllt und ihm Nachkommen schenkt. Die Nachkommen der Söhne Jakobs warten auf die Befreiung aus der ägyptischen Sklaverei. Und das Warten dauerte in diesen Fällen lange!

Als ich kürzlich die Pfingstgeschichte las, ist mir aufgefallen, dass auch Pfingsten mit Warten beginnt. Zehn Tage versammelten sich etwa 120 Jünger von Jesus, Männer und Frauen, in einem „Obergemach" in Jerusalem, um zu warten. Worauf? Jesus hatte ihnen, bevor er zu seinem Vater ging, angekündigt, der Vater werde ihnen

„schon in wenigen Tagen" (Apostelgeschichte 1,5; NGÜ) den Heiligen Geist senden. Solange sollten sie in Jerusalem warten.

Ich kann mir gut vorstellen, dass das Warten für die Jüngerinnen und Jünger Jesu in dieser Situation auch nicht einfach war. Jesus hatte ihnen einen klaren Auftrag gegeben, die Nachricht von der Rettung in die letzten Winkel dieser Erde zu tragen, Menschen zu Jüngern von Jesus zu machen, sie zu taufen und zu lehren – und jetzt sitzen sie erst einmal untätig in Jerusalem fest.

Untätig? Das stimmt nicht ganz. Es ist richtig, es gibt Situationen, in denen heißt warten buchstäblich nichts tun. Aber hier konnten die Jünger die Wartezeit nutzen und das taten sie: „Sie alle beteten anhaltend und einmütig miteinander" (Apostelgeschichte 1,14a; NGÜ). Sie suchten die Gegenwart des lebendigen Gottes, das brachte sie auch näher zueinander, es wuchs eine Einmütigkeit und Einheit, ohne die das fruchtbare Zeugnis der Urgemeinde nicht denkbar gewesen wäre.

Wartezeiten sind Zeiten des Wachsens und des Reifens, wenn wir sie aus Gottes Hand annehmen. Ich habe da noch einiges zu lernen, fürchte ich. – Jetzt muss ich aufhören, ich muss noch raus zum Briefkasten, um nachzusehen, ob die bestellte Sendung endlich gekommen ist …

FREUND ODER FEIND?

Wenn ich meine Großeltern am anderen Ende des Dorfes besuchte, kam ich an ihrem Haus in der Dorfmitte vorbei. Und wenn sie im Garten war, den sie liebevoll hegte und pflegte, grüßte ich sie im Vorbeiradeln. Das war in den 1960er-Jahren auf dem Dorf noch üblich, dass Kinder Erwachsene grüßten. Nicht unbedingt üblich war, was dann kam: Die ältere Frau blickte von ihrer Arbeit auf und erwiderte den Gruß mit einer Freundlichkeit, als radele der Bürgermeister vorbei. Ich fühlte mich dadurch ernst genommen und wertgeschätzt. Bis heute erinnere ich mich gern an diese Frau, die mich durch ihre Freundlichkeit ermutigt und gestärkt hat. Und ich habe später erfahren, dass auch andere Kinder diese Erfahrung gemacht haben.

Ich bin seither vielen Menschen begegnet. Die Freundlichen ragen heraus. Freundlichkeit ist selbst aus der Distanz wohltuend. Und doch: Freundlichkeit klingt ein bisschen nach Harmlosigkeit und steht nach meinem Gefühl in der Gesellschaft, aber auch in christlichen Kreisen gegenwärtig nicht hoch im Kurs. Wir zeigen gern klare Kante, wir geben vor, offen zu sein, und sind einfach nur schroff. Wo im Dienste der Wahrheit gehobelt wird, fallen eben Späne. „Viel Feind, viel Ehr", scheint der Wahlspruch auch mancher Christen zu sein. Freundlichkeit wird unterschätzt.

Das ist schade. Ich halte diese Haltung für eine der effektivsten Waffen für uns Agenten des subversiv sich ausbreitenden Reiches Gottes. Wenn ich meinem Gegenüber freundlich begegne, betrachte ich ihn als potentiellen Freund und eben nicht als Feind. Aber wie oft begegnen wir – oder schlimmer noch: entdecken wir an uns selbst Gleichgültigkeit (die Außenseite des Egoismus) oder gar Feindseligkeit? Wir sind so mit uns selbst beschäftigt, dass wir den andern als Störung oder gar Bedrohung wahrnehmen.

Es stimmt: Freundlich zu sein, ist nichts für Angsthasen und Feiglinge. Dem andern freundlich zu begegnen, braucht manchmal Mut und setzt ein klares Bewusstsein der eigenen Identität als Kind Gottes voraus. Nicht umsonst geht dem unmissverständlichen Gebot: „Seid freundlich zu *allen* Menschen" in Philipper 4,5 der Vers voran: „Freut euch, was auch immer geschieht. Freut euch an der engen Verbindung zum Herrn" (NGÜ).

Das ist der Schlüssel: Fest verwurzelt in Christus wächst in uns die Freundlichkeit als Teil der vielfältigen Frucht des Geistes. Und eng verbunden mit dem lebendigen Gott haben wir auch die Kraft, freundlich zu sein. Das Reich Gottes ist da, wo Gott gegenwärtig ist. Und Freundlichkeit ist nicht nur angenehmer als Gleichgültigkeit und Feindseligkeit, sondern auch stärker – vor allem, wenn sie von Kindern Gottes geübt wird, die dadurch etwas vom Wesen Gottes widerspiegeln. So wird etwas von der Atmosphäre, die im Reich Gottes herrscht, sichtbar.

Wenn Sie mal wieder einem freundlichen Menschen begegnen, muss es nicht sein, dass er Ihre Spende für einen guten Zweck oder Ihre Unterschrift für eine der zahlreichen Petitionen möchte, die so in Mode gekommen sind. Es könnte sich auch um einen Agenten des Reiches Gottes handeln, der Sie ermutigen will und der schlicht das tut, was sein Meister ihm aufträgt: „Seid freundlich zu allen Menschen."

SPOTT UND HOHN

Es ist schon ein paar Jahre her, da hörte ich den Mitschnitt einer Predigt mit dem einprägsamen Titel: „Kaputt von Kritik." Der amerikanische Pastor einer deutschen Freikirche sprach über die zerstörerische Seite von Kritik und erzählte von den unterschiedlichen Erfahrungen seiner Kinder in amerikanischen und deutschen Schulen. Er war entsetzt über die Kultur der Kritik, mit der die Schülerinnen und Schüler an deutschen Schulen konfrontiert sind. Wie gesagt, das ist schon ein paar Jahre her; vielleicht ist es heute anders.

Mich hatte das damals jedenfalls nachdenklich gemacht und bis heute nicht mehr losgelassen. Ich kam sozusagen von der anderen Seite her und habe Kritik in Schule und Universität als hilfreiches Mittel kennengelernt, Sachverhalte und Verhaltensweisen zu analysieren und besser zu verstehen. Dagegen ist ja auch nichts einzuwenden. Die zerstörerische Seite von Kritik war mir zunächst nicht bewusst. Aber die gibt es eben auch.

Wenn ich an manche Situationen meines Lebens zurückdenke, in denen ich mir in meiner Rolle als messerscharfer Analytiker und bissiger Kritiker gefiel, dann bin ich heute noch traurig über meine Lieblosigkeit und Selbstgerechtigkeit.

Im Laufe der Zeit ist mir aufgefallen, dass Kritik und Häme, Spott und Hohn nahezu allgegenwärtig sind. Und ich werde das Gefühl nicht los, dass auch wir Christen tief geprägt sind von dieser Haltung, die viel mit Zeitgeist und gar nichts mit Jesus zu tun hat. Wie schnell wird auch in christlichen Familien und Gemeinden genörgelt, kritisiert, das Haar in der Suppe gesucht, relativiert („ja schon, aber") und schlecht über andere geredet. Dabei ist es ein Allgemeinplatz, dass jeder Mensch sich danach sehnt, angenommen und respektiert zu werden. Wenn wir die zerstörerische Kraft herabsetzenden Redens (und Schweigens) nicht ernst nehmen, folgen wir nicht Jesus nach und sollten die Bergpredigt (Matthäus 5–7) gründlich lesen oder den Jakobusbrief oder den Epheserbrief oder viele andere Texte des Alten und Neuen Testaments.

Wie wäre es, wenn wir eine Kultur wohlwollenden und aufbauenden Umgangs miteinander entwickelten? Wir wären dann nicht nur anziehender für Menschen, die sich danach sehnen, wahrgenommen und wertgeschätzt zu werden; es würde vor allem etwas vom Charakter des Reiches Gottes sichtbar. Das ist die Theorie. Und die Praxis?

Seit geraumer Zeit bin ich dabei, das gute alte Wort „üben" für mich zu entdecken. Wenn ich an meinem Charakter arbeiten will, geht das nicht dadurch, dass ich lediglich verstanden habe, was ich ändern möchte. Ich muss die neue Haltung einüben, sonst ändert sich gar nichts. Das Schöne am Üben ist, dass ich nicht gleich alles perfekt können muss. Wenn es nicht gleich klappt, einfach weiter üben.

Eine ganz einfache Art der Wertschätzung ist bekanntlich, jemandem aufmerksam zuzuhören. Das muss ich als häufig ungeduldiger Mensch üben. Ich stelle fest, dass ich kreativer und mutiger darin werde, Menschen, denen ich begegne, Wertschätzung zu zeigen. Wenn ich mir bewusst werde, dass der lebendige Gott mich ernst nimmt und wertschätzt, dann fällt es mir leichter, zu üben.

LIEBLINGSBIBELVERS

Ja, wir alle sehen mit unverhülltem Gesicht
die Herrlichkeit des Herrn. Wir sehen sie wie in
einem Spiegel, und indem wir das Ebenbild des
Herrn anschauen, wird unser ganzes Wesen
so umgestaltet, dass wir ihm immer ähnlicher
werden und immer mehr Anteil an seiner Herrlichkeit bekommen. Diese Umgestaltung ist das
Werk des Herrn; sie ist das Werk seines Geistes.

2. Korinther 3,18; NGÜ

Mit den Lieblingsversen ist es bei mir ein bisschen wie mit den Lieblingsbüchern oder der
Lieblingsmusik: Es gibt immer wieder Verände-
rungen. Je nach Lebensabschnitt, manchmal sogar
je nach Situation oder Stimmung, kann das vari-
ieren. Immer wieder beschäftigt mich dieser Vers
aus dem zweiten Brief des Paulus an die Gemeinde
in Korinth.

Auf Jesus sehen. Mich im Gebet in seiner Gegenwart aufhalten. Auftanken. Ihm in seinem Wort
begegnen. Meinen Charakter von ihm prägen und
formen lassen. „Verklärt" werden, klar, transpa-
rent werden; in dieser „Metamorphose" zu dem
Mensch werden, wie der Schöpfer ihn sich vor-
gestellt hat. So, wie Jesus uns wahres Menschsein,

Gottes Vorstellung vom Menschsein gezeigt hat; souverän und klar in seiner Auslegung der Schrift, witzig und klug in seinen Auseinandersetzungen mit den Schriftgelehrten, mitfühlend und zart mit den Zerbrochenen und Kaputten. Geduldig, mutig und entschlossen handelnd und sanftmütig, demütig dienend – kurz: Er war Mensch, wie ich es gern sein würde und mit aller frommen Anstrengung nie werden kann. Aber wenn ich auf ihn sehe, der nicht nur Gottes Sohn ist, sondern auch wahrer Mensch war, dann werde ich durch seinen Geist verwandelt, damit andere ihn in mir sehen können.

Und dann hingehen und in Verbindung mit ihm den Menschen begegnen, ihnen dienen, sie zu Jesus einladen, diesem wunderbaren Herrn, in dessen Augen jede und jeder von uns so unendlich kostbar ist.

Ich habe schon einige getroffen, in denen ich Jesus gesehen habe, und ich treffe immer wieder welche. Das Reich Gottes ist mitten unter uns. Ich möchte auch einer sein, in dem die Prinzipien der Königsherrschaft Jesu zu sehen sind, ein Sanftmütiger, ein Friedensstifter; einer, der sich nach Gerechtigkeit sehnt und der sein Kreuz auf sich nimmt. Der sich selbst verleugnet, damit Jesus in ihm sichtbar wird.

EIN FRIEDHOFSBESUCH

Wir sind für ein paar Tage in Berlin. Mein letzter Besuch liegt schon Jahre zurück. Wieder hat sich vieles verändert. Ich mag diese Stadt, auch wenn sich mein eher bedächtiges und zurückhaltendes süddeutsches Naturell erst wieder an die Direktheit der Leute hier und den Rhythmus der Großstadt gewöhnen muss. Heute sind wir zu Fuß unterwegs von der Tramhaltestelle Nordbahnhof in Richtung Bahnhof Friedrichstraße. Wir wollen noch zum Brandenburger Tor und zum Reichstag, unsere jüngste Tochter interessiert sich dafür. Das sollte man ja nie bremsen. Es ist ein heißer Augusttag, aber unser erstes Ziel bietet Schatten und Gelegenheit zum Durchatmen.

Der Dorotheenstädtische Friedhof liegt etwas versteckt hinter dem Friedhof der Französischen reformierten Gemeinde an der Chausseestraße, kurz bevor sie zur Friedrichstraße wird. Sorgfältig geharkte Wege, alter Baumbestand – Zedern, Birken, Ahorn und Efeu und Buchsbaum –, die eigentümliche Atmosphäre eines traditionsreichen Friedhofs.

Mein hauptsächliches Interesse gilt dem Grab des früheren sozialdemokratischen Bundespräsidenten und gläubigen Christen Johannes Rau.

Am hinteren Ende des Kirchhofs stehen wir vor einem schlichten anthrazitfarbenen Stein mit einem Bronzeporträt, lediglich mit dem Namen und den Lebensdaten versehen, keinerlei Hinweis auf Ämter und Funktionen. Dafür lesen wir am Fuß des Steins den Satz: „Dieser war auch mit dem Jesus von Nazareth", ein Zitat aus der Passionsgeschichte (Matthäus 26,71b; Luther 2017). Was für ein markantes Zeugnis. Bescheiden und mutig zugleich. Auf dem Grabstein liegen zahlreiche kleine Steine, Hinweise auf jüdische Besucher des Grabes; dieser Jesusnachfolger war ja zugleich ein großer Freund Israels.

Wir gehen weiter und machen Entdeckungen. Familiengrabstätten preußischer Beamter und Industrieller, Mausoleen; beeindruckend das Familiengrab des geheimen Oberbaurats Hoffmann, der vier Kinder innerhalb weniger Wochen durch Scharlach verlor. Die Bildhauer Schadow und Rauch sind hier bestattet ebenso wie die Philosophen Fichte, Hegel und Herbert Marcuse. Der Schauspieler Bernhard Minetti ist hier begraben und zahlreiche Schriftsteller (das Grab des Dramatikers Heiner Müller markiert eine schlanke Sandsteinstele).

Eine feine Ironie lässt sich gelegentlich in den Nachbarschaften der Gräber feststellen. So findet sich das große Familiengrab des bedeutenden

Mediziners Christoph Wilhelm Hufeland (1762–1836), der unter anderem Leibarzt des preußischen Königs war, mit seinem klaren Christusbekenntnis („Ich weiß, an welchen ich glaube") umzingelt von Agnostikern (Bertolt Brecht, Heinrich Mann, Johannes R. Becher). Hufeland behandelte zeitlebens arme Patienten kostenlos und legte ein beachtliches sozialreformerisches Engagement aus christlicher Überzeugung heraus an den Tag.

Friedhöfe haben ihre eigenen Botschaften. Was möchte ich gerne als Überschrift über meinem Leben stehen haben?

WER BIN ICH?

Mit meiner zehnten Klasse beschäftige ich mich im Deutschunterricht gerade mit Barockgedichten, vor allem mit den wunderbaren Sonetten von Andreas Gryphius. „Es ist alles eitel", „Tränen des Vaterlandes" – schon die Titel der Gedichte zeigen die Richtung an, in die es in diesen Texten geht: Vergänglichkeit, Trauer, Leid werden da auf sehr kunstvolle Weise thematisiert und betrachtet.

Zufälligerweise bin ich zugleich bei meiner fortlaufenden Bibellese im Buch Prediger gelandet, der mir gleich am Anfang in Kapitel 1, Vers 2 deutlich macht: „Es ist alles ganz eitel, sprach der Prediger, es ist alles ganz eitel" (Luther). In einer neueren Übersetzung klingt es auch nicht optimistischer: „Alles ist vergänglich und vergeblich, sagte der Prediger, nichts hat Bestand, ja alles ist vergebliche Mühe!" (HfA). Und heute zeigt der Herbst auch noch sein tristes Regengesicht. Ist das nicht zu deprimierend? Im Gegenteil. Ich bin fasziniert von dieser Perspektive auf die Wirklichkeit, die unserer Zeit so fremd ist, aber die mir hilft, meinen Blick auf das Wesentliche zu richten.

Aber was ist das Wesentliche am Leben, an meinem Dasein, an mir? Wer bin ich? Was definiert meine Identität? Hoffentlich nicht mein Vermögen (das wäre in meinem Fall eine sehr schmale und brüchige Identität), aber sind es vielleicht meine Errungenschaften, mein Erfolg beruflich oder privat, meine gesellschaftliche Stellung, mein Ansehen – im Dorf, in dem ich lebe, oder in unserer christlichen Gemeinde?

Leider beziehen auch wir Christen unsere Identität allzu oft aus trüben und trügerischen und untauglichen Quellen. Wie in allen Fragen des Lebens gibt uns auch hier Jesus den entscheidenden Hinweis. Im Lukasevangelium wird im zehnten Kapitel von der Aussendung der 72 Jünger berichtet, die im Auftrag ihres Lehrers Jesus in die Dörfer und Städte gehen, um Kranke zu heilen und allen Menschen zu sagen: „Jetzt beginnt Gottes Reich bei euch" (Lukas 10,9; HfA). Ich schätze, das war die kürzeste Predigt aller Zeiten. Die Jünger ziehen los und kehren total begeistert wieder zu Jesus zurück: „Herr, sogar die Dämonen mussten uns gehorchen, wenn wir uns auf deinen Namen beriefen" (Lukas 10,17b; HfA). Jesus bestätigt sie und sagt ihnen, dass er ihnen ja die Vollmacht dazu gegeben habe. Aber dann gibt er ihnen einen ganz wichtigen Hinweis: „Doch freut euch nicht so sehr, dass euch die bösen Geister gehorchen müssen, freut euch vielmehr darüber, dass eure Namen im Himmel aufgeschrieben sind!" (Lukas 10,20; HfA).

Das ist der felsenfeste Grund unserer Identität, nicht unsere Beliebtheit, unsere Leistungen und Errungenschaften. Nicht was uns gelingt oder misslingt, sondern dass unsere Namen im Himmel aufgeschrieben sind, dass wir durch Jesus zur Familie Gottes gehören, das macht unsere Identität aus. Das ist unglaublich befreiend. Es befreit uns von unserer Suche (und manchmal Sucht) nach Anerkennung. Es befreit uns von Angst, zu kurz zu kommen, etwas zu verpassen.

Manchmal denke ich, dass viele Christen in unserem Land unter einer Identitätskrise leiden. Weshalb gibt es so viel Angst unter uns – vor dem nächsten Virus, vor dem Altwerden, vor dem Sterben, vor dem gesellschaftlichen Abstieg, vor dem Terror, vor dem Islam? Ich kann mir das nur dadurch erklären, dass wir uns unserer Identität als Kinder Gottes, als durch Jesus rechtmäßige Bürger des Reiches Gottes, nicht bewusst sind.

Dagegen gibt es zum Glück ein einfaches Mittel: die Nähe Gottes suchen. In seiner Gegenwart wird uns bewusst, wer Gott ist und wer wir sind. Wie gesagt: Das befreit.

GEWÄHLT!

Keine Ahnung, was sich mein Sportlehrerkollege dabei gedacht hatte, als er mich fragte, ob ich die Andacht vor dem Völkerball-Turnier unserer Schule übernehmen wolle. Auch wenn ich ein paar Jahre hobbymäßig mit Freunden gekickt habe und mich seit meiner Studienzeit für den Fußball des SC Freiburg interessiere, käme heute kaum jemand auf die Idee, mich als sportinteressiert, geschweige denn sportlich zu bezeichnen. Ich fühlte mich also in keiner Weise qualifiziert, vor dem Turnier zu den Schülerinnen und Schülern zu sprechen – bis ich mich an die schlimmeren Momente meines eigenen Sportunterrichts erinnerte.

Die kamen in der Regel dann, wenn Mannschaften für Fußball, Handball oder eben Völkerball gewählt wurden. Ich war weder ein guter Werfer noch ein mutiger und geschickter Fänger und so konnte es lange dauern, bis sich einer der beiden Kapitäne meiner erbarmte und mich in seine Mannschaft wählte. Wenn ich Pech hatte, blieb ich sozusagen übrig und wurde einer Mannschaft zugeteilt (nur gut, wenn die dann nicht aufstöhnte …). Das waren Erinnerungen, die ich erfolgreich verdrängt hatte. Ich beschloss, sie mit den Schülern zu teilen.

Weil mir noch etwas anderes wieder eingefallen war. Nämlich, dass Jesus mich angesprochen hat: „Thomas, ich will dich in meinem Team haben, komm, folge mir nach." Wie großartig ist das denn: Der beste Mensch, der je gelebt hat – Jesus von Nazaret, Sohn des lebendigen Gottes, König der Könige –, lädt mich in sein Team, in seine Gemeinschaft, in sein Reich ein!

Das Beste, was ich je in meinem Leben tat, war, dieser Einladung zu folgen. Und ich beschloss, den Schülern das zu sagen und zu ergänzen, dass Jesus der beste Kapitän, Lehrer und Trainer ist, den man sich vorstellen kann (was natürlich auch bedeutet, dass er keine Kompromisse mit meinem bisherigen Lebenswandel duldet, sondern will, dass ich mich mit Haut und Haaren auf ihn einlasse). Und das seine Einladung in sein Team jeder und jedem von ihnen auch gelte. Und dass, wer dieser Einladung folge und sich ganz und gar Jesus anvertraue, für immer auf der Gewinnerseite stehen würde, wie die Bibel im ersten Johannesbrief sagt: „Denn alles, was aus Gott geboren ist, überwindet die Welt. Und unser Glaube ist der Sieg, der die Welt überwunden hat" (1. Johannes 5,4; Luther 2017).

Wenn man zum Team des lebendigen Gottes gehört – auserwählt schon vor Erschaffung der Welt, wie es im Epheserbrief heißt (Kapitel 1, Vers 4) –, dann kann man nicht nur ein Völker-

ballturnier viel entspannter angehen und genie-
ßen, ob man gewinnt oder verliert, sondern auch
den Widrigkeiten des ganz normalen Alltags gelas-
sener begegnen, oder?

II.

Vorbilder

MEINE HELDEN

Es muss am Alter liegen. Oder daran, dass wir vor ein paar Jahren wieder an meinen Geburtsort gezogen sind. Immerhin kann ich gut ein halbes Jahrhundert überblicken und immer wieder schweift mein Blick auch zurück in meine Dorfkindheit in den 1960er-Jahren. Oder in meine Studentenzeit in den 1980er-Jahren, in die auch die Gründung unserer Familie fällt. Oder in die Zeit meiner beruflichen Anfänge im Verlagswesen in den 1990er-Jahren mit vielen spannenden Begegnungen.

Dabei tauchen vor meinem geistigen Auge ganz unterschiedliche Menschen auf, die mein Leben inspiriert und geprägt haben. Kürzlich las ich im Hebräerbrief die Stelle (Kapitel 13, Vers 7), in der wir aufgefordert werden, uns an die zu erinnern, die uns Glauben gelehrt haben. Durch das, was sie gesagt haben, aber auch durch ihr Leben und ihr Sterben. Wie sich ihre Beziehung zu dem lebendigen Gott, der uns in der Bibel begegnet und anspricht, in ihrem Leben ausgewirkt hat; wie sie ihren Charakter geprägt hat, das kann uns Impulse für *unseren* Glauben und *unsere* Lebensbewältigung geben. Der Autor des Hebräerbriefes scheint es jedenfalls so zu sehen.

Wenn wir einmal von Jesus absehen – meinem größten Helden –, haben alle meine Vorbilder ihre Fehler und Schwächen. Aber das ist kein Problem. Geht es doch nicht darum, alles toll zu finden, was der- oder diejenige gemacht hat, sondern sich von den Dingen, Eigenschaften oder Taten inspirieren zu lassen, die vorbildlich sind. Meine Helden sind eine bunte Schar von Frauen und Männern. Manche sind nur wenigen bekannt, andere sind vielen Vorbild geworden. Es sind ernste und lustige Persönlichkeiten darunter. Manche sind vielleicht etwas schrullig, andere mögen auf neutrale Beobachter völlig unauffällig wirken. Das wird bei den Menschen, die Ihr Leben geprägt haben, nicht anders sein.

Einige kenne ich persönlich, andere nur über ihre Werke, ihre Bücher, ihre Bilder oder ihre Musik. Aber alle haben mich eine kurze oder längere Strecke meines Lebens begleitet. Viele davon tun das bis heute.

Meine Oma mütterlichseits war und ist ein sehr wichtiges Vorbild für mich. Eine für oberflächliche Betrachter einfache, stille Frau; warmherzig, geduldig, gütig. Eine auf ganz unspektakuläre Art starke Frau, die mir vorgelebt hat, welch enorme Kraft im kindlichen Vertrauen auf den lebendigen Gott steckt, wie viel Geduld und Barmherzigkeit und Liebe ein mit Jesus verbundener Mensch weitergeben kann.

Zu den Helden meiner Studentenzeit gehörten G. K. Chesterton, Dorothy L. Sayers, C. S. Lewis und Matthias Claudius, deren Werke mein Vertrauen zu Jesus in geistlich unwirtlicher Umgebung gestärkt haben. Die mir gezeigt haben, dass kritisches Denken, aufrichtiges und ehrliches Fragen und kindliches Vertrauen in den lebendigen Gott zusammengehören.

Zu meinen Helden zählen Maler wie Rembrandt, dessen Leben und Werk mich seit meiner Jugendzeit nicht mehr loslässt. Und Musiker wie die „Five Blind Boys of Alabama", die ich zu Beginn der 1990er-Jahre einmal in einem unvergesslichen Konzert in einer südhessischen Kirche erlebte – blinde Gospelsänger voller Glaubensstärke und Lebensfreude, wie ich es in dieser Kombination selten erlebt hatte.

Und immer wieder Menschen aus dem weiteren Familienkreis wie mein Patenonkel Willi. Auch er ein stiller, auf den ersten Blick unscheinbarer Mensch mit einem weiten Herzen und einem klaren Verstand, der mich an wichtigen Punkten meines Lebens mit liebevoll ausgewählten Geschenken und weisen Briefen motiviert hat.

Sie sehen, sie ist eine sehr bunte Mischung, meine Heldenschar. Bevor ich jetzt die Frauen und Männer, die mein Denken, meinen Glauben und mein Leben prägten und prägen, weiter aufzähle, möchte ich jedoch Sie fragen: Wer sind Ihre Helden?

EIN „STILLER IM LANDE"
UND SEINE „STILLE ZEIT"

Gerhard Tersteegen und das Gebet

> Du durchdringest alles;
> lass dein schönstes Lichte,
> Herr, berühren mein Gesichte.
> Wie die zarten Blumen
> willig sich entfalten
> und der Sonne stille halten,
> lass mich so
> still und froh
> deine Strahlen fassen
> und dich wirken lassen.

Diese Strophe aus seinem bekanntesten Lied „Gott ist gegenwärtig" beschreibt sehr schön ein zentrales Thema im Leben und Glauben Gerhard Tersteegens (1697–1769): In der Gegenwart Gottes blüht der Mensch erst auf.

So wie die zarte Blume sich der Sonne zuwendet, damit diese durch ihre Strahlen den Wandlungsprozess der Photosynthese in Gang setzt, der Lichtenergie in chemische Energie umwandelt und Leben ermöglicht, so will ich mich Jesus zuwenden, ihn anschauen, mich dem lebendigen Gott hinhalten, damit er in mir wirken, mein Wesen verändern kann, sodass es dem Wesen Jesu ähnlicher wird. Es ist interessant, wie Tersteegen, als Arzneikundler und großer Kenner der Heilpflanzen, hier eine naturwissenschaftliche Beobachtung auf eine sehr poetische Weise als Bild für eine geistliche Realität nutzt. Indem wir Jesus anschauen, werden wir durch den Heiligen Geist verwandelt in sein Bild, sagt Paulus der Gemeinde in Korinth (2. Korinther 3,18).

Das braucht Stille. Das braucht Zeit. Das, was dann später mit dem Fachausdruck „Stille Zeit" für eine persönliche Zeit mit Gott bezeichnet wurde, ist ja oft sehr ausgefüllt mit Bibellektüre, Gebet, dem Lesen geistlicher Impulse aus Kalendern und Andachtsbüchern. Und dagegen ist natürlich überhaupt nichts einzuwenden. Aber manchmal fehlen dabei, wenn wir ehrlich sind, die Stille und die Zeit. Tersteegen war auch ein großer Leser und Fürbitter. Aber er hat sehr großen Wert darauf gelegt, sich immer wieder Zeiten der Stille nur mit dem lebendigen Gott allein zu nehmen, um in der Gegenwart Gottes aufzutanken, neue Kraft zu schöpfen, korrigiert zu werden, Weisung für Entscheidungen zu empfangen, verwandelt zu werden.

Leben in Gottes Gegenwart

Tersteegen hatte das selbst auch erst lernen müssen. Geholfen haben ihm dabei die Schriften der Mystiker, die er las und von denen er einige ins Deutsche übersetzte, darunter auch einige des lothringischen Karmeliterbruders „Lorenz von der Auferstehung". Bruder Lorenz sagte einmal: „Wir müssen danach trachten, uns in der Gegenwart Gottes festzumachen, und uns mit ihm in einem ununterbrochenen Gespräch befinden."

Dieser Gedanke geht über das hinaus, was wir gewöhnlich unter „Stiller Zeit" als Zeit mit Gott verstehen, und weist darauf hin, dass unser ganzes Leben in Gottes Gegenwart gelebt werden soll und kann. Bruder Lorenz sah gerade in den praktischen Aufgaben des Alltags eine Gelegenheit, mit Gott verbunden zu sein: „Man darf nicht müde werden oder gar aufhören, etwas Geringes aus Liebe zu Gott zu tun, der nicht die Größe des Werks ansieht, sondern die Liebe, aus der es kommt."

Und so strebt auch Gerhard Tersteegen danach, immer mit Gott in Verbindung zu stehen. „Beten ist, den allgegenwärtigen Gott ansehen und sich von ihm besehen zu lassen", schreibt er einmal in einem Brief.

Mache mich einfältig,
innig, abgeschieden,
sanft und still in deinem Frieden;
mach mich reinen Herzens,
dass ich deine Klarheit
schauen mag in Geist und Wahrheit;
lass mein Herz
überwärts
wie ein Adler schweben
und in dir nur leben.

Es dauerte eine Weile, bis ich Gerhard Tersteegen
entdeckte. Um ehrlich zu sein, war er mir bis vor
wenigen Jahren zu „innig abgeschieden", zu welt-
flüchtig. Je mehr ich jedoch spüre, wie gut mir stille
Zeiten der Gemeinschaft mit dem lebendigen Gott
tun, damit ich „in der Welt" fröhlich und gelassen
mein Tagewerk tun kann, desto mehr schätze ich
die Gedanken dieses Bruders aus dem 18. Jahrhundert. Wenn mein Herz im Licht Gottes hell
und rein geworden ist, von seinem Frieden erfüllt,
dann bin ich mir meiner Identität als Kind Gottes
bewusst und kann den Menschen, mit denen ich
zu tun habe, frei und freundlich und offen begegnen. Mein Herz schwebt wie ein Adler über den
Dingen, die es sonst beschweren.

Um in meinem Alltag in Gottes Gegenwart zu
leben, muss ich mir Inseln der Stille, des Schwei-

gens und Hörens auf Gottes Stimme schaffen. Gott zu hören, braucht Zeit und Ruhe. Wenn wir unserem inneren Menschen etwas wirklich Gutes gönnen wollen, dann planen wir im Urlaub Stunden, vielleicht auch halbe oder ganze Tage ein, in denen wir Zeit mit Gott „verschwenden", wie John Ortberg das einmal ausgedrückt hat: zweckfreie Zeiten ohne Pläne und Ziele, in denen wir zur Ruhe kommen und Gott die Gelegenheit geben, uns zu begegnen.

„Gott ist ein stilles Wesen und wohnt in der stillen Ewigkeit. So muss auch dein Gemüt wie ein stilles und klares Wasser werden, worin sich die Klarheit Gottes spiegeln und abbilden kann.

Meide deshalb alle Beunruhigungen, Verwirrung und ungestümes Wesen von innen und von außen. Nichts in der ganzen Welt ist es wert, dass du dich drüber stören solltest, selbst deine begangenen Fehler müssen dich nur demütigen, aber nicht beunruhigen.

Gott ist in seinem heiligen Tempel (Habakuk 2,20), es sei stille vor seinem Angesicht alles, was in dir ist! Stille mit deinem Munde, stille mit deinem Willen, stille mit deinen Begierden und Gedanken, stille mit deinem eigenen Wirken. O wie nützlich und köstlich ist ein sanfter und stiller Geist vor Gottes Angesicht (1. Petrus 3,4)", schreibt Gerhard Tersteegen in seiner *Kurzen Anleitung,*

Gott zu suchen. Er war ein „Stiller im Lande", der uns auch heute noch viel zu sagen hat.

VOM ZEITGEIST ZERZAUST, DOCH UNVERZAGT:

Matthias Claudius (1740–1815)

E r zählt zu den Entdeckungen meiner Studentenzeit. Neben den englischen Stimmen Chesterton, Sayers und Lewis war es der norddeutsche Pastorensohn Matthias Claudius, der mir half, meinen Glauben an den lebendigen Gott auch im Gegenwind des Zeitgeistes einer deutschen Universität der 1980er-Jahre fröhlich festzuhalten, die Bibel weiterhin ernst zu nehmen und ebenso mein Denken zu schulen und zu schärfen.

Matthias Claudius (1740–1815) gehört zu den Literaten, deren Bedeutung oft unterschätzt und deren Werk selten angemessen gewürdigt wurde. Am ehesten hatte noch der Lyriker Claudius Anerkennung finden können. Immerhin stammen einige der schönsten Gedichte deutscher Sprache aus seiner Feder: das bekannte „Abendlied", sein „Wiegenlied bei Mondschein zu singen", „Der Mensch", „Der Tod und das Mädchen". Aber auch seine Lyrik wurde erst in den letzten Jahrzehnten des 20. Jahrhunderts in ihrem Anspielungsreichtum und ihrem gedanklichen Gehalt so recht erkannt. Dass der *Wandsbecker Bote* so lange unterschätzt wurde, lag nicht zuletzt an Matthias Claudius selbst, barg er sein Können doch hinter einer bewussten Haltung der Bescheidenheit. Seine „Sprache der Einfalt" war Ausdruck seines Lebensgefühls. Das 1779 veröffentlichte „Abendlied" macht das gleichsam programmatisch deutlich:

Lass uns einfältig werden
Und vor dir hier auf Erden
Wie Kinder fromm und fröhlich sein!

Die Einfalt, das Bezogensein auf den Einen, auf Gott, ist gleichsam sein Lebensprogramm. Damit stellt er sich bewusst quer zum Zeitgeist der Aufklärung (*Wir spinnen Luftgespinste / Und suchen viele Künste / Und kommen weiter von dem Ziel*) ebenso wie des Sturm und Drang, der den überlegenen Menschen, das Genie kultiviert (*Wir stolzen Menschenkinder / Sind eitel arme Sünder / Und wissen gar nicht viel*). Claudius stellt dagegen die Abhängigkeit, aber auch die Geborgenheit beim Vater im Himmel, in dessen Hand wir hier auf Erden entspannt *fromm und fröhlich* sein können.

Seine Haltung der Bescheidenheit hängt auch zusammen mit dem Publikum, das Claudius ansprechen will. Er will nicht der Intelligenz nach dem Mund schreiben, obwohl er, was Beherrschung des Handwerks und Bildung angeht, durchaus mit den großen Geistern seiner Zeit mithalten kann. Sein Adressat ist das einfache Volk, auf das er belehrend/bekehrend wirken will.

Dieser Ansatz macht sein Werk besonders reizvoll: Einerseits sind viele Texte auch dem nicht so geübten Leser leicht zugänglich. Andererseits hält Claudius auch für den Kenner immer wieder Überraschungen bereit, schenkt jedes Wiederlesen, jede erneute Beschäftigung neue und tiefere Einsicht. Gilt dies von einzelnen Texten, so gilt es ganz besonders von seinem Hauptwerk mit dem umständlichen Titel *Asmus omnia sua secum portans oder sämtliche Werke des Wandsbecker Boten*, das in acht Teilen von 1775 bis 1812 erschien.

Seine Familie, der er viel Zeit, Kraft und Aufmerksamkeit widmete, seine Frau Rebecca, die zwölf Kinder sind ihm genauso wichtig wie seine literarische Arbeit. Sein Leben spielte sich, abgesehen von einem nicht sehr langen Aufenthalt in Darmstadt und einigen Reisen, im näheren Umkreis des Örtchens Wandsbek bei Hamburg ab. Dabei nahm Claudius die politischen und geistigen Debatten seiner Zeit jedoch sehr bewusst wahr. Zu vielem findet sich in seinen „Sämtlichen Werken" ein Reflex, sei es in der Rezension eines literarischen Werkes oder satirisch verarbeitet in einem Essay oder lyrisch parodiert. Diese „Sämtlichen Werke" stellen sich als auf den ersten Blick ziemlich wildes Durcheinander verschiedenster Textsorten und Tonlagen dar – Gedichte, Rezensionen, Essays, fingierte Briefe an erfundene Briefpartner, längere theologische Abhandlungen, Berichte über familiäre Ereignisse, gereimte Fabeln wechseln sich in bunter Folge ab. Beim näheren Hinsehen jedoch erweisen sie sich als feinkomponiertes Gesamtkunstwerk, in dem auch die Kupferstiche Daniel Chodowieckis ihren genau festgelegten Platz (und ihre entsprechende Funktion) haben. Das Werk stellt den gesamten Kosmos menschlichen Lebens in seiner ganzen Buntheit dar. Alle Stationen menschlichen Daseins werden von Claudius thematisiert, Geburt und Tod, Kindheit und Alter, die schönen Seiten – Liebe, Familienglück – ebenso wie die Schattenseiten – Krieg, die Sklaverei in Amerika, soziale Missstände im eigenen Land, die Probleme der Bauern, das Elend der Invaliden oder die schlimmen Zustände in den „Irrenhäusern" seiner Zeit. Dabei wechseln in der Tonlage tiefer Ernst und warmherziges Einfühlen teilweise übergangslos in saloppen Spott, unbeschwerte Fröhlichkeit, ja gelegentlich völligen Nonsens – wie eben im Leben des Einzelnen oft Freude und Trauer, Engagement und Entspanntheit nahe beieinander liegen können. Immer ist sich Claudius seiner Begrenztheit bewusst, ohne dass ihn dieses Wissen in Resignation oder Frustration verfallen ließe; das

Bewusstsein, Kind des himmlischen Vaters zu sein, verleiht ihm beides: Unbeschwertheit im Blick auf sein eigenes Schicksal und ein waches Verantwortungsgefühl für seinen notleidenden Nächsten.

Natürlich eckt man mit einer solchen Lebenseinstellung auch an, zumal wenn sie quer zum Zeitgeist liegt. Mit seinem Glauben an einen persönlichen Gott und eine geoffenbarte Wahrheit zog sich Claudius nicht wenig Spott der tonangebenden Intellektuellen in Berlin und Weimar zu, wenn er nicht gleich ganz ignoriert wurde. Ihn selbst focht das wenig an. *Die Religion aus der Vernunft verbessern, kommt mir freilich ebenso vor, als wenn ich die Sonne nach meiner alten hölzernen Hausuhr stellen wollte,* lässt er seinen „Vetter" Asmus in *Eine Korrespondenz zwischen mir und meinem Vetter, angehend die Orthodoxie und Religionsverbesserungen* sagen und antwortet ihm ebenso charakteristisch: *Dass das Christentum alle Höhen erniedrigen, alle eigene Gestalt und Schöne, nicht wie die Tugend mäßigen und ins Gleis bringen, sondern wie die Verwesung gar dahinnehmen soll, auf dass ein Neues daraus werde: das will freilich der Vernunft nicht ein; das soll es aber auch nicht, wenn's nur wahr ist. Wenn dem Abraham befohlen ward, aus seinem Vaterlande und von seiner Freundschaft und aus seines Vaters Hause auszugehen in ein Land, das ihm erst gezeigt werden sollte; meinst Du nicht, dass*

sich sein natürliches Gefühl dagegen gesträubt habe,
und dass die Vernunft allerhand Bedenklichkeiten
und stattliche Zweifel dagegen hätte vorzubringen
gehabt. Abraham aber glaubte aufs Wort, und zog
aus. Und es ist und war kein anderer Weg; denn aus
Haran konnte er das Gelobte Land nicht sehen, und
Niebuhrs Reisebeschreibung war damals noch nicht
heraus. Hätte sich Abraham mit seiner Vernunft
in Wortwechsel abgegeben: so wäre er sicherlich
in seinem Vaterlande und bei seiner Freundschaft
geblieben, und hätte sich's wohl sein lassen. Das
Gelobte Land hätte nichts dabei verloren, aber er
wäre nicht hineingekommen. Seht Vetter, so ist's
und so steht's in der Bibel …

Vom Zeitgeist zerzaust, doch unverzagt und fröhlich seinen Glauben bekennend, der sich nicht nur in seiner schriftstellerischen Arbeit, sondern genauso auch in seinem Leben ausdrückte. Mit dieser Einstellung kann Claudius uns heute noch ermutigen, fröhlich und entspannt und zugleich mutig und klar unseren Glauben zu leben und zu bekennen.

DAHIN, WO'S WEH TUT

William Booth (1829–1912) und die Heilsarmee

Wenn wir die weltweite Gemeinde Jesu mit einer Fußballmannschaft vergleichen würden, wäre recht schnell klar, wer als Strafraumstürmer das Sturmzentrum besetzen würde; wer, um es im Sportreporterjargon zu sagen, dahin geht, wo's weh tut: die Heilsarmee. Sie ist nicht damit beschäftigt, den Glauben mit Worten zu verteidigen, die apologetische Defensivarbeit ist Aufgabe anderer Institutionen. Die Heilsarmee geht dahin, wo es brennt. Mitten hinein ins Elend und in die Verlorenheit, an die Ränder unserer Wohlstandsgesellschaft. Dahin, wo wenige vom Glauben an Jesus wissen und viele nichts davon wissen wollen.

Der Gründer der Heilsarmee, William Booth, wurde 1829 in Nottingham in Mittelengland geboren. Mit 15 Jahren trifft William eine Entscheidung für Jesus. Er schließt sich den Methodisten an. 1848 erlebt er den amerikanischen Evangelisten James Caughey und ist so beeindruckt, dass er mit einem Freund selbst beginnt, zu evangelisieren – nach dem Vorbild der methodistischen Väter Wesley und Whitefield auf der Straße und unter freiem Himmel. Die Menschen, die der Einladung folgen, die Gottesdienste zu besuchen, gehören zu den Randgruppen der Gesellschaft, was in seiner eher bürgerlich geprägten Gemeinde zu Problemen führt. Booth hat damit aber seine Berufung gefunden: Evangelisation unter den Menschen, die nichts von Jesus wissen.

Nachdem er seine Kaufmannslehre beendet hat, arbeitet er zunächst einige Jahre als Reiseprediger der Reformierten Methodisten. Hier lernt er Catherine Mumford kennen, die er 1855 heiratet und die seine wichtigste Mitstreiterin werden soll. Dem Ehepaar werden acht Kinder geschenkt. Er wirkt seit 1854 im Gemeindedienst – 1858 wird er als Pastor ordiniert –, daneben aber immer auch als Evangelist und Erweckungsprediger. Er möchte dies gerne vollzeitlich tun und dafür vom Gemeindedienst freigestellt werden. Als das nicht gelingt, verlässt er die Bewegung der Reformierten Methodisten und wirkt ab 1861 als freier Evangelist.

Zur Geburtsstunde der späteren Heilsarmee wird ein Zelteinsatz im Londoner East End 1865: Unter Alkoholikern, Kriminellen, Prostituierten, Obdachlosen im Armenviertel verkündigt die noch 1865 gegründete „Christian Mission" die frohe Botschaft von Umkehr und der Errettung durch Jesus Christus und einem neuen Leben in der Würde eines Kindes Gottes. Schon bald tritt zur Evangelisation die Sozialarbeit (Suppenküchen, Kleiderkammern). 1878 – die Arbeit hat sich über London hinaus auf andere Städte Großbritanniens ausgebreitet – wird die Mission in „Salvation Army" („Heilsarmee") umbenannt. Booth gibt seinem Werk eine dem Militär nachempfundene Struktur („Korps") mit einer klaren Hierarchie, mit dem General Booth an der Spitze und verschiedenen Offiziersrängen bis zu den „Soldaten".

Die Blasmusik, die populäre Melodien spielt, erregt die Aufmerksamkeit für die Botschaft, Uniformen sollen die „Heilssoldaten" schützen, was sie besonders in den Anfangsjahren nicht immer tun, als es zu Übergriffen auf „Heilssoldaten" und zu Verhaftungen etwa wegen Ruhestörung kommt. Der selbstlose und mutige Einsatz ihrer Mitarbeiter trotz Anfeindungen und Entmutigungen, insbesondere auch die Sozialarbeit verschaffen der Heilsarmee schließlich mehr und mehr Respekt.

1890, im Todesjahr seiner Frau Catherine, veröffentlicht William Booth das Buch *In Darkest England and the Way Out*, eine Analyse der Armut in England und zugleich eine Reformschrift, die ihm und der Heilsarmee die endgültige gesellschaftliche Anerkennung bringt. 1912 stirbt William Booth im Alter von 83 Jahren, die Heilsarmee arbeitet im gleichen Jahr bereits in 58 Ländern.

Übrigens gab es auch einen Fußballspieler namens William Booth zu Lebzeiten des Heilsarmeegründers, wie ich bei Wikipedia erfuhr. Er spielte um 1900 für Manchester United – als Stürmer.

DER RITTER, DER IN KEINE RÜSTUNG PASSTE

G. K. Chesterton (1874–1936)

„If there were no God, there
would be no atheists."

(„Wenn es keinen Gott gäbe, würde
es keine Atheisten geben.")

Where All Roads Lead, 1922

Einer der strahlendsten Helden meiner Studienzeit war zweifellos G. K. Chesterton. Damals, gegen Ende der 1980er Jahre, half er mir mit seinen wunderbar witzigen und scharfsinnigen Verteidigungen verspotteter „christlicher Ladenhüter" wie der Erbsünde, der Jungfrauengeburt oder der Auferstehung, meinen kindlichen Glauben fröhlich weiter zu leben, auch wenn das im geistigen Klima jener Zeit so ziemlich das Einfältigste war, was man an einer Universität tun konnte. Chesterton tat das auf eine so fulminante Art – dabei Warmherzigkeit und beißenden Witz auf unnachahmliche Weise verbindend –, dass es mitriss, die Nebel, die sich auf den Verstand legen wollten, verjagte und zugleich Herz und Seele erfrischte.

Seit jener Zeit habe ich immer wieder einmal nach ihm gegriffen und bin immer noch dabei, die kleine Chesterton-Abteilung im Bücherregal um das eine oder andere seiner Bücher zu ergänzen. Zu einer seiner glänzendsten und wichtigsten apologetischen Schriften – *Orthodoxie. Eine Handreichung für die Ungläubigen** – schrieb der Autor Philip Yancey ein Nachwort, in dem er zu dem Urteil kam: „G. K. Chesterton gelang es wie keinem anderen in diesem Jahrhundert [dem 20.], den christlichen Glauben mit Scharfsinn, guter Laune und intellektueller Überzeugungskraft zu vertreten. Mit dem Feuereifer eines Ritters, der die letzte Bastion verteidigt, legte er sich mit Leuten wie Shaw, H. G. Wells, Sigmund Freud, Karl Marx und mit jedem an, der sich vermaß, die Welt ohne Gott und die Fleischwerdung des Herrn verstehen zu wollen."

---

*   1908; in der deutschen Übersetzung von Monika Noll und Ulrich Enderwitz, die 2001 im Eichborn Verlag erschien; leider vergriffen, nur antiquarisch erhältlich.

Wer war dieser tapfere Ritter?

Gilbert Keith Chesterton wurde am 29. Mai 1874 im Londoner Stadtteil Kensington geboren. Während er am University College nicht sehr zielstrebig Englisch, Französisch, Latein und vor allem Kunst studierte (an der Slade School of Art, einer Abteilung des University College), entschied ein Kommilitone, der Verlegersohn Ernest Hodder Williams, seine berufliche Zukunft, als er ihm Gelegenheit gab, Kunstkritiken zu veröffentlichen: „Ich brauche nicht zu sagen, dass ich, nachdem sich meine völlige Unfähigkeit herausgestellt hatte, Zeichnen und Malen zu lernen, mühelos genug einige Kritiken über die schwächeren Stellen von Rubens oder das missgeleitete Talent von Tintoretto hinwarf. Ich hatte den leichtesten aller Berufe entdeckt und bin ihm seitdem immer treu geblieben", beschrieb Chesterton diesen entscheidenden Moment in seiner Autobiografie.

Er wurde einer der brillantesten Journalisten seiner Zeit. Er schrieb um die 100 Bücher, in denen er teilweise seine Zeitungskolumnen und Essays gesammelt veröffentlichte. Die Spannweite seiner Themen reicht von den Detektivgeschichten um Pater Brown bis zu Reisebüchern und den aus heutiger Sicht vielleicht spannendsten apologetischen Büchern, die vor brillanten Gedanken und scharfsinnigen und witzigen Formulierungen funkeln. Legendär sind seine öffentlichen Debatten mit George Bernard Shaw. Das Besondere und besonders Liebenswerte an Chesterton war dabei immer sein unerschütterliches Wohlwollen und sein großmütiger, ja fast freundschaftlicher Umgang mit seinem Kontrahenten, bei aller Schärfe der Auseinandersetzung.

Auf mich wirkt seine atemberaubende Selbstironie auch immer wieder befreiend und anregend. Wie entlastend kann es doch sein, sich selbst nicht so wichtig zu nehmen, gerade wenn man als Ritter für den König der Könige kämpft und sich für die wichtigste Sache, die es gibt, einsetzt: das Angebot Jesu, uns mit dem Vater im Himmel zu versöhnen und uns neues, befreites Leben voller Abenteuer und Überraschungen zu schenken – und sei es das Abenteuer der bedingungslosen Barmherzigkeit und die Überraschung der Feindesliebe.

Am 14. Juni 1936 starb Gilbert Keith Chesterton in seinem Haus in Beaconsfield in London; seine Frau Frances überlebte ihn nur um zwei Jahre. Kinder waren dem Paar nicht geschenkt worden.

Wie bei jedem Werk (außer der Bibel) empfiehlt sich auch bei der Lektüre Chestertons der Rat des Paulus, zu prüfen und das Gute zu behalten. Nicht alles, was Chesterton gedacht und geschrieben hat, muss man unterschreiben. Wer jedoch einmal frischen Wind durch seine Gedanken jagen lassen will, der greife zu einem der Bücher Chestertons, als Einstieg vielleicht zu *Orthodoxie* oder zu *Ketzer – Eine Verteidigung der Orthodoxie gegen ihre Verächter*. Er wird es erfrischt und neu zum Denken und Bekennen angeregt wieder aus der Hand legen.

Ein schönes Beispiel für Chestertons Art, Pointen zu setzen, ist der letzte Absatz seines Essays „Die zwölf Geschworenen" aus dem Band *Vom Wind und den Bäumen oder Gewichtige Kleinigkeiten – Betrachtungen und Skizzen*, mit dem der kleine Elsinor Verlag in Coesfeld seine verdienstvolle Absicht, G. K. Chesterton in neuen Übersetzungen den deutschsprachigen Lesern des 21. Jahrhunderts nahezubringen, fortgesetzt hat:

„Unsere zivilisierte Welt hat sehr zu Recht entschieden, dass ein Urteil über Schuld und Unschuld eines Menschen viel zu ernsthaft ist, als dass man es den Fachleuten überlassen dürfte. In diesen düsteren Abgrund soll ein wenig Licht fallen; deshalb werden Menschen berufen, die nicht mehr vom Gesetz verstehen als ich, die aber genau das empfinden können, was auch ich auf der Geschworenenbank empfunden habe. Geht es darum, eine Bibliothek zu katalogisieren oder das Sonnensystem zu entdecken oder um andere Belanglosigkeiten dieser Art, brauchen wir unsere

Spezialisten. Doch wenn die wirklich großen Fragen zur Debatte stehen, wählen wir zwölf ganz gewöhnliche Menschen aus unserer Mitte. Wenn ich mich recht entsinne, hielt es der Begründer des Christentums nicht viel anders."

SALZ DER ERDE

Ein Leben im Geist der Bergpredigt –
Eberhard Arnold (1883–1935)

Wir leben in Mitteleuropa in einer nach-christlichen Zeit. Das festzustellen, ist nicht besonders originell. Der Einfluss der großen und kleinen Kirchen auf Politik und Gesellschaft nimmt schon seit dem Ende des 30-jährigen Krieges kontinuierlich ab. Dass das Christentum in den heutigen politischen und gesellschaftlichen Debatten keine bestimmende, nicht einmal eine besonders relevante Rolle mehr spielt, mögen wir auf der einen Seite bedauern. Immerhin verdankt unsere Gesellschaft dem christlichen Denken und Handeln sehr viel an humaner Substanz und sozialem Bewusstsein.

Auf der anderen Seite liegt in der Machtlosigkeit und dem schwindenden Einfluss des „Christentums" aber auch eine große Chance. Jesus und seine ersten Nachfolger hatten auch keine politische Macht, wurden von den Machthabern in Rom erst gar nicht wahr- und von den Statthaltern vor Ort nicht ernst genommen. Auch der gesellschaftliche Einfluss war zunächst gering, er bestand allenfalls darin, dass in den jungen Gemeinden gegenüber

der zeitgenössischen Gesellschaft sowohl Standes-
schranken als auch Rollenfestlegungen relativiert
wurden. Frauen waren schon von Jesus auf scho-
ckierende Weise ernst genommen und geachtet
worden, in der urchristlichen Gemeinde hatten
Arme und Sklaven als Kinder Gottes prinzipiell
die gleiche Stellung und Würde wie gesellschaftlich Höherstehende und Reiche. Das mit dem
Kommen Jesu in diese Welt angebrochene Reich
Gottes funktioniert anders als diese Welt, in der es
um Macht geht, in der unterdrückt und manipu-
liert wird, in der jeder oben sein will. Der wahre
Herrscher ist gekommen, um zu dienen. Schein-
bar ohne Macht und Einfluss – nach den Gesetzen
dieser Welt zum Scheitern verurteilt. Und dennoch
breitet sich sein Reich seit 2 000 Jahren unaufhaltsam aus – ohne äußere Grenzen und Machtinsig-
nien, in von Jesus ergriffenen und geprägten und
vom Heiligen Geist veränderten Menschen.

Nach Jahrhunderten, in denen in Europa das
Christentum „herrschte", stehen wir jetzt wieder
wie am Anfang vor der Herausforderung, Jesus
nachzufolgen in einer Welt, die zunehmend unter
ganz anderen Einflüssen steht. Es könnte uns in
Zukunft wieder mehr kosten, uns ganz zu Jesus
und seinen Leuten zu stellen. Wir werden aber
auch mehr bekommen, zum Beispiel von seiner
Nähe. Und die Wirklichkeit seines Reiches wird

uns deutlicher werden. Es gab sicher immer schon Menschen, die Jesus konsequent und radikal nachfolgten. Ein paar kennen wir aus der Kirchengeschichte, viele kennen wir nicht – aber ihr König kennt sie und das zählt schließlich.

Aus der neueren Kirchengeschichte möchte ich hier einen Mann nennen, der zu diesen radikalen Jesusnachfolgern zählt und der uns durch sein Beispiel ermutigen kann: sein Name ist Eberhard Arnold. Markus Baum hat eine sehr lesenswerte Biografie Eberhard Arnolds aus den Quellen erarbeitet, deren zweite Auflage im Neufeld Verlag erhältlich ist (die Seitenzahlen im Folgenden beziehen sich auf diese Ausgabe): *Eberhard Arnold – Ein Leben im Geist der Bergpredigt*. Quellengesättigt und gut geschrieben bietet Baums Buch spannende Einblicke nicht nur in ein mit Jesus gelebtes Leben, sondern auch in die turbulente Geschichte der Gemeinschaftsbewegung des ausgehenden 19. und beginnenden 20. Jahrhunderts. Namen wie General von Viebahn, William Booth, Jonathan Paul oder Karl Heim können die Bandbreite nur andeuten.

Eberhard Arnold (1883–1935) stammte aus einer Theologenfamilie. Sein Vater, Carl Franklin Arnold, war 1888 als Professor für Kirchengeschichte an die Universität von Breslau berufen worden (er war der Sohn eines amerikanischdeutschen Missionarsehepaars). Eberhard wuchs mit seinen vier Geschwistern in einer bildungsbürgerlichen Familie auf. Entscheidende Impulse für sein Leben und seinen Glauben empfing er während eines Ferienaufenthaltes in der Familie einer Cousine mütterlicherseits. Deren Mann, Ernst-Ferdinand Klein, war ein gläubiger und sozial engagierter Pfarrer. Arnold sagt im Rückblick, er habe bei seinem Onkel „zum ersten Mal ein lebensfrohes und mutiges Christentum gesehen, eine Liebe zu Jesus und zu den Armen, wie sie ihm vorher noch nicht begegnet" sei (S. 16f.). Er entdeckt bei diesem vierwöchigen Ferienaufenthalt das Neue Testament.

Zurück in Breslau verfolgte Eberhard Arnold den eingeschlagenen Weg weiter, las Thomas von Kempens *Nachfolge Christi*, studierte die Evangelien, besuchte die Jugendstunden eines jungen Pastors. Schließlich entschied er sich, sein Leben mit allen Konsequenzen Jesus zu weihen. Diese Entscheidung des 16-Jährigen wurde in seiner Familie verhalten aufgenommen; so richtig konnten weder seine Eltern noch seine Geschwister etwas mit seinem neuen Leben anfangen. Zumal Arnold gleich großen missionarischen Eifer entwickelte: Er engagierte sich nicht nur in dem an seinem Gymnasium frisch gegründeten Bibelgesprächskreis, sondern bald schon in der Heilsarmee, in der er noch als Schüler gelegentlich predigte und bei Straßeneinsätzen mitwirkte. Während seine Eltern sein Engagement im Bibelkreis noch hingenommen hatten, schritten sie jedoch ein, als sie auf Plakaten in der Stadt lasen, „dass ein ‚Missionar Eberhard Arnold' auf Einladung der Heilsarmee zu einer großen Versammlung sprechen werde" (S. 23). Schülern war es zur damaligen Zeit nicht erlaubt, öffentlich aufzutreten und zu sprechen. Der Vater Arnold war anfangs sogar so entsetzt, dass er erwog, seine Professur wegen seines „missratenen" Sohns niederzulegen. Schließlich überzeugten die Eltern Eberhard, dass er sich auf seinen Schulabschluss konzentrieren müsse.

Dass er nach dem Abitur in Breslau und Halle Evangelische Theologie studierte, entsprach einem Wunsch seines Vaters. Er selbst hätte lieber Medizin studiert, hatte „von einem selbstlosen Beruf im Dienst der Barmherzigkeit" geträumt (S. 26). Von Beginn seines Studiums an engagierte sich Arnold in der *Deutschen Christlichen Studenten-Vereinigung* (DCSV) und hielt Bibelarbeiten und Vorträge auch in den Gemeinschaften, die sich nach Evangelisationen um 1900 in Halle gebildet hatten.

In einer solchen Bibelstunde lernte er seine spätere Frau Emmy von Hollander kennen. Die beiden verstanden sich von Anfang an und bildeten später eine Lebens- und Arbeitsgemeinschaft, die sich in

Höhen und Tiefen des Lebens und der Zeitläufte bewährte. Und der Lebensweg hatte wahrlich auch seine steinigen Abschnitte. Manches hatte mit der konsequenten, ja kompromisslosen Haltung Eberhard Arnolds in Fragen des Glaubens und des Gewissens zu tun. Als er nach gründlichem Bibelstudium und reiflicher Überlegung zu der Überzeugung kam, die Gläubigentaufe sei von der Bibel her besser zu begründen, ließ er sich taufen und verbaute sich damit zum Entsetzen seiner Eltern die berufliche Zukunft in der Kirche. Er machte sein bisheriges Nebenfach – Philosophie – zum Hauptfach und wurde 1909 an der Universität Erlangen mit einer Dissertation über Friedrich Nietzsches Kritik des Christentums summa cum laude promoviert. Emmy von Hollander trug seine Entscheidung nicht nur mit, sie war unabhängig von ihm zur gleichen Überzeugung gelangt. Dabei respektierten beide andere Überzeugungen. Eberhard und Emmy heirateten noch im Dezember 1909 und zogen nach Leipzig. Die nächsten Jahre waren geprägt von Vortragstätigkeit in Leipzig und Halle, aber auch Dessau, Magdeburg, Erfurt und Hamburg, verbunden mit seelsorgerlicher Arbeit, und von publizistischer Tätigkeit unter anderem für das Allianzblatt.

Beim Ausbruch des Ersten Weltkriegs im Sommer 1914 ließ Arnold sich zunächst von der

Kriegsbegeisterung der meisten Deutschen, auch der christlichen Kreise, mitreißen. Seit 1915 arbeitete er für die DCSV-Zeitschrift *Die Furche* und am Aufbau des Furche-Verlags. Im Laufe des Krieges begann sich seine Haltung zum Krieg zu ändern. Nach dem Zusammenbruch 1918 und der Revolution trat die Bergpredigt ins Zentrum des Denkens, Glaubens und Lebens der Familie Arnold – den Eheleuten waren inzwischen fünf Kinder geschenkt worden. Mit Folgen bis in die äußere Lebensgestaltung hinein.

Die Sehnsucht, wirklich Ernst zu machen mit einem Leben im Geist der Bergpredigt als Gegenentwurf zur Gesellschaft des 20. Jahrhunderts, wurde konkrete Gestalt in einer 1920 im hessischen Sannerz gegründeten Lebens-, Glaubens- und Arbeitsgemeinschaft, aus der sich der erste „Bruderhof" entwickelte, dem später unter anderem in England und den USA weitere folgen sollten. Es sind Modelle einfachen gemeinsamen Lebens in radikaler Jesusnachfolge; Anstöße, die Lehre und das Leben Jesu so ernst zu nehmen, dass es Konsequenzen hat für unser eigenes Leben. Wie die hutterischen Bruderhöfe der Reformationszeit, an die Arnold bewusst anknüpfte, waren Gütergemeinschaft und Pazifismus wichtige Grundprinzipien. Ebenso wie die „Offene Tür": Nie wurden Gäste abgewiesen, wie schwierig die wirtschaftliche

Lage auch sein mochte und aus welchen Motiven die Gäste auch gekommen sein mochten. Liebe und Vergebungsbereitschaft sollten das Gemeinschaftsleben bestimmen.

Das mit dem Nationalsozialismus heraufziehende Unheil erkannte Eberhard Arnold früh und klar. Der Bruderhof machte keine Kompromisse mit dem „Dritten Reich" und wurde folgerichtig 1937 von den Nationalsozialisten aufgelöst, die Gemeinschaft vom Hof vertrieben. Drei Brüder wurden verhaftet, durften aber nach kurzer Zeit ihren Familien ins Ausland folgen.

Eberhard Arnold hat diese letzte Etappe nicht mehr miterlebt. Er starb 1935 im Alter von nur 52 Jahren.

EINE STILLE HELDIN

Rosa Parks (1913–2005)

Er war etwas Besonderes in der kleinen Hauskreisgemeinde, in der ich aufwuchs. Wir waren einfache Leute, die der starke Wunsch, die Bibel als Wort Gottes ernst zu nehmen, zusammengebracht hatte. Bildung hatte keine große Bedeutung. Es gab Ausnahmen. Kurt war eine. Er arbeitete bei einer Behörde in der Kreisstadt. Als 18-jähriger Junge war er noch in den Krieg geschickt worden, aus dem er als schwer versehrter Invalide wieder zurückgekehrt war. Als ich ihn in den 1970er-Jahren kennenlernte, war er ein ernster, sehr gewissenhafter Mann mit einem festen Händedruck und einer beeindruckenden Bassstimme, der bei allem Ernst eine große Güte und Freundlichkeit ausstrahlte. Wir mochten uns. Immer wieder schenkte er mir Bücher aus seiner Bibliothek, die meinen geistigen und geistlichen Horizont weiteten. Und so bekam ich 1981 von ihm Martin Luther Kings Buch *Freiheit* (*A Stride Toward Freedom*), eine Darstellung des Busboykotts von Montgomery, geschenkt. Darin bin ich zum ersten Mal Rosa Parks begegnet.

Rosa Parks war eine stille Frau, die ihre Kraft aus ihrem christlichen Glauben bezog, wie sie später in

103

ihren Erinnerungen schrieb. Sie arbeitete als Näherin in einem Geschäft in Montgomery, Alabama. Als schon verheiratete Frau hatte sie den Highschool-Abschluss nachgeholt, nachdem ihr Mann sie dazu ermutigt hatte. Sie war als Teenager von der Schule abgegangen, um sich um ihre Großmutter und ihre kranke Mutter zu kümmern. Ein Mensch, der an andere dachte und sich für andere einsetzte, vom Naturell her aber ruhig, bescheiden, nicht unbedingt aus dem Holz, aus dem man sich Helden und Heldinnen geschnitzt vorstellt. Rosa Parks jedoch wurde eine Heldin.

Ein Augenblick machte sie berühmt und zur Ikone der amerikanischen Bürgerrechtsbewegung der 1950er- und 1960er-Jahre. Als sie sich an jenem 1. Dezember 1955 im Bruchteil einer Sekunde entschloss, die Aufforderung des Busfahrers James F. Blake, aufzustehen und ihren Sitzplatz einem weißen Mann zu überlassen, zu ignorieren, war sie sich vermutlich nicht bewusst, was sie damit auslöste. Sie war es einfach leid, die alltäglichen Demütigungen, denen sie als schwarze Frau im Süden der USA zu jener Zeit ausgesetzt war, weiter über sich ergehen zu lassen.

Obwohl Afroamerikaner etwa drei Viertel der Buspassagiere stellten, waren sie in jener Zeit der Rassentrennung (Segregation) im Süden der USA zahlreichen Schikanen ausgesetzt. Das hintere Drittel der Busse in Montgomery war für sie reserviert, die Sitzplätze im vorderen Drittel waren Weißen vorbehalten. Das mittlere Drittel gehörte zwar auch zum Bereich für Afroamerikaner, hier galt jedoch die Regel, dass sie ihre Sitzplätze verlassen mussten, sobald das erste Drittel besetzt war und ein Weißer im mittleren Drittel sitzen wollte. Auch war es Schwarzen nicht gestattet, durch den Bus in den hinteren Bereich zu gehen, wenn sie vorne beim Fahrer ihre Fahrkarte gelöst hatten. Sie mussten den Bus verlassen und durch die hintere Tür wieder besteigen. Es konnte jedoch passieren, dass der Busfahrer inzwischen die Türen schloss und weiterfuhr.

Rosa Parks war das einige Jahre vor jenem 1. Dezember 1955 so ergangen, ironischerweise durch den gleichen Busfahrer, der sie jetzt zum Aufstehen aufforderte.

Rosa Parks stand nicht auf, Blake rief die Polizei und Frau Parks wurde verhaftet und später zu einer Geldstrafe verurteilt. Dieser Vorfall löste den Busboykott von Montgomery aus, der den jungen Martin Luther King bekannt machte und der entscheidend dazu beitrug, dass die Bürgerrechtsbewegung in Fahrt kam, die schließlich zumindest auf juristischer Ebene zur völligen Gleichstellung der Afroamerikaner und anderer Minderheiten mit der weißen Bevölkerung in den USA führte.

Rosa Parks wurde am 4. Februar 1913 in Tuskegee, Alabama, geboren und starb am 24. Oktober 2005 in Detroit. Sie war eine stille Heldin, weil es ihr nicht um ihre Bequemlichkeit ging, sondern darum, die Benachteiligung einer ganzen Bevölkerungsgruppe nicht länger hinzunehmen. Ihre Weigerung, der Aufforderung des Busfahrers zu folgen, erforderte großen Mut. Es kostete sie auch nicht wenig – sie verlor ihren Job, wurde bedroht und musste schließlich mit ihrem Mann in den Norden ziehen.

Bibelleser werden an die Weigerung von Paulus erinnert, stillschweigend Philippi zu verlassen, und sein Bestehen darauf, als römischer Bürger, dem Unrecht angetan worden war, von den Stadtoberen hinausgeleitet zu werden (Apostelgeschichte 16,35–40). Paulus dachte dabei sicher nicht an seine Ehre, sondern verschaffte der jungen christlichen Gemeinde dadurch Respekt bei der Stadtobrigkeit.

Manchmal entscheidet ein Augenblick. Ich wünsche mir für mich Mut und Weisheit in einem Augenblick, wo es auf meine Entscheidung ankommt, das Richtige zu tun.

AUF WIEDERSEHEN, SAM!

Zur Tonspur meines Lebens gehört seit Jahrzehnten die Musik der Afroamerikaner, deren Wurzeln in der Kirche und im Baumwollfeld liegen: Spiritual, Gospel, Blues, Soul.

Zu den Sängern und Musikern, die mich über ihre Musik hinaus mit ihrem gelebten Glauben beeindruckten, gehören neben den „Five Blind Boys of Alabama" und den „Staple Singers" auch „Mighty" Sam McClain, der im Juni 2015 im Alter von 72 Jahren starb.

Unvergesslich bleibt für mich sein Auftritt in Aschaffenburg zu Beginn der 2000er-Jahre. Wir hatten uns zu viert aufgemacht – mein Schwager, mein Bruder, mein Sohn und ich – und vorausschauend zwei günstige Hotelzimmer gebucht, damit wir nicht nachts wieder zurückfahren mussten. Wir erlebten ein denkwürdiges Konzert. Sam McClain wurde von einer großen Tourband begleitet; exzellenten Musikern, mit denen er auch sein damals aktuelles Album *Sweet Dreams* eingespielt hatte.

Zum krönenden Abschluss waren wir auf Initiative meines Bruders sogar in der Künstlergarderobe gelandet, wo wir uns bei dem etwas überraschten Sänger persönlich bedanken konnten.

Sam McClain war trotz toller Stimme und Persönlichkeit die meiste Zeit seines Lebens auf der Schattenseite unterwegs, hatte Entbehrungen, Missachtung und Demütigung erlebt, seit er mit dreizehn Jahren von zu Hause abgehauen war, um seinem Stiefvater zu entfliehen, der ihn verprügelte. Er schlug sich mit den unterschiedlichsten Jobs durch, war auch eine Zeitlang obdachlos. Erste Erfahrungen mit dem Singen hatte er als Fünfjähriger im Kirchenchor seiner Mutter gemacht. Deshalb versuchte er nach seiner Flucht von zu Hause und neben seinen diversen Jobs als Sänger in verschiedenen Formationen unterzukommen.

Den großen Durchbruch hat er nie geschafft, aber viele hat er inspiriert, nicht aufzugeben, weiterzugehen, auf den lebendigen Gott zu vertrauen. Im Laufe der 1980er Jahre ging es dann mit seiner Karriere als Sänger langsam aufwärts, sodass er schließlich von seiner Musik zumindest einigermaßen leben und anderen helfen konnte, denen es schlechter ging als ihm.

Er war ein unermüdlicher Zeuge, der sich nicht davon abhalten ließ, sich zu Jesus zu bekennen, auch nicht von der Klage seiner alten Freunde, die sein klares Bekenntnis anscheinend manchmal genervt hat. Nach ihrem Kommentar „Too much Jesus (not enough Whisky)" („zuviel Jesus, nicht genug Whisky") hat er prompt sein vorletztes Album (2012) genannt, auf dem er sich wieder fröhlich und unbeirrt zu Jesus bekennt. Sein Verständnis von Nachfolge und wohl auch seine eigenen Erfahrungen motivierten ihn, sich für Arme, für Obdachlose, für die vom Leben Gebeutelten einzusetzen. Ermutigung, Hoffnung, Vertrauen sind Themen, die sich in vielen seiner Songs finden.

Auch mich hat er ermutigt. Dafür bin ich ihm dankbar.

III.

Meine Freunde, die Bücher

NIMM UND LIES!

Plädoyer für eine alte Kulturtechnik

Für alte Kulturen interessiere ich mich schon seit meiner Kindheit. Eine Zeit lang wollte ich Archäologe werden. In dieser Phase las ich von der als „kulturelles Sommerereignis des Jahres 1978" apostrophierten Ausstellung „Sumer Assur Babylon – 7000 Jahre Kunst und Kultur zwischen Euphrat und Tigris", die auch nach Deutschland, und zwar ins Roemer- und Pelizaeus-Museum nach Hildesheim kommen sollte, und die erstmals in Deutschland besonders kostbare Exponate aus dem Irakischen Nationalmuseum in Bagdad präsentierte. Nun, mein Vater ist heute noch mit über 80 ein spontaner und begeisterungsfähiger Mensch, und so brauchte es damals erst recht keine große Überredungskunst, um ihn zur fünfstündigen Fahrt nach Norddeutschland zu bewegen.

Und die Ausstellung war in der Tat sehr beeindruckend. Funde aus Ur in Chaldäa aus der Zeit

Abrahams, aus Babylon, aus anderen Städten Mesopotamiens, brachten biblische Geschichte zum Greifen nah. Vielleicht war es das, was mich dabei besonders faszinierte: dass Namen und Sachverhalte, die mir aus der Sonntagsschule und eigener Bibellektüre bekannt waren, mir hier in anderem Zusammenhang wieder begegneten. Ein Exponat mit besonderer Ausstrahlung war eine 45 cm hohe dunkelgraue Steinskulptur aus dem Jahr 2500 v. Chr. Ein freundlich lächelnder rundlicher Herr, der seine Hände in Gebetshaltung zusammengelegt hat. Eine sumerische Inschrift auf seinem Rücken nennt seinen Namen – „Dudu" – und seinen Beruf – „Schreiber".

Mit der Schrift, mit dem Schreiben und Lesen, beginnt nach modernem Wissenschaftsverständnis die Geschichte im engeren Sinne, da sich ihre Erforschung hauptsächlich auf schriftliche Quellen stützt, davor spricht man von Urgeschichte. Abraham, der aus der hochentwickelten Stadt Ur im südlichen Mesopotamien stammte, konnte vermutlich lesen und schreiben. Mit Sicherheit konnte es der in einer anderen antiken Hochkultur – Ägypten – ausgebildete Mose. Das Lesen (und das Vorlesen) hat in der Bibel von Anfang an eine große Bedeutung. Was nicht vergessen werden sollte, was für zukünftige Generationen aufbewahrt werden sollte, wurde in Büchern festgehalten (von 1. Mose 5,1, 2. Mose 17,14 usw. bis Offenbarung 20,12). Grundlegend für das Volk Israel wurde das „Buch des Bundes": „Darauf nahm er das Buch des Bundes und las es vor den Ohren des Volkes. Und sie sprachen: Alles, was der Herr gesagt hat, das wollen wir tun und darauf hören!" (2. Mose 24,7; Schlachter).

Gott teilt sich mit, sein Reden soll schriftlich festgehalten und dann immer wieder gelesen und vorgelesen werden. So wird das Judentum zur ersten Buchreligion, das Lesenlernen über den Kreis der Spezialisten, der Schreiber an Höfen und Gerichten hinaus, wichtig. Jeder soll die Heilige Schrift lesen können, weil er darin Orientierung und Leben findet (Johannes 5,39). Nicht nur die Jungen, auch die Mädchen sollten lesen lernen. Wir sehen das beispielsweise an Maria, deren Lobgesang (Lukas 1,46–55) an den Lobgesang Hannas (1. Samuel 2,1–10) anknüpft und voller Anklänge an andere Bibelstellen ist. (Nicht umsonst wird in der bildenden Kunst seit dem Mittelalter Maria in der Verkündigungsszene immer beim Lesen einer Schriftrolle oder eines Buches dargestellt.)

Das Christentum wird zur zweiten Buchreligion, zur jüdischen Bibel treten die Schriften des Neuen Testaments, auch sie mit dem Anspruch, lebendiges Wort Gottes zu sein. Ein besonders belesener Mensch war Paulus, der nicht nur die

Heilige Schrift von Grund auf kannte, sondern auch in der griechischen Literatur zu Hause war, wie wir bei seiner Rede auf dem Areopag in Athen (Apostelgeschichte 17,22–31) sehen. Auch für Christen ist das Lesen eine unverzichtbare Kulturtechnik, die gelernt und geübt werden sollte. Jede und jeder sollte in der Lage sein, anhand eigener Lektüre herauszufinden und zu prüfen, ob das, was er oder sie hört oder sieht, mit dem übereinstimmt, was Gott in seinem Wort sagt, wie es von der jüdischen Gemeinde in Beröa berichtet wird (Apostelgeschichte 17,11).

Erneuerungsbewegungen beginnen häufig mit dem Neuentdecken und Lesen der Bibel, sehr eindrucksvoll zu sehen etwa bei der Reform König Josias (2. Könige 22,1–23,30), die mit dem Lesen des Buches des Gesetzes anfing, das wiederentdeckt wurde, als er den Tempel renovieren ließ. In der Kirchengeschichte lässt sich das Gleiche beobachten. Die markantesten Beispiele sind die Reformation und der Pietismus. Dabei ist der Erfolg der Reformation zu Beginn des 16. Jahrhunderts nicht denkbar ohne die Erfindung des Buchdrucks durch Gutenberg Mitte des 15. Jahrhunderts und die Betonung des Studiums der alten Sprachen durch den Humanismus. So wichtig die frühen reformatorischen Schriften Martin Luthers für den Beginn der Reformation waren, war doch seine brillante Bibel-

116

übersetzung das eigentliche Dynamit dieser Erneu-
erungsbewegung. Auch einfache Leute, die nie eine
Lateinschule besucht hatten, konnten sich nun
anhand der Bibel ihr eigenes Urteil bilden. Mit der
Bibel in der Hand versuchten Täufer und Bauern
Luthers Gedanken weiterzuführen. Martin Luther
erkannte wie die anderen Reformatoren auch sehr
klar die Notwendigkeit, Schulen zu gründen und
die Bildung zu fördern, nachdem durch die Reformation das Bildungsprivileg der Klöster weggefal-
len war. Auch sollten in den Städten Bibliotheken
eingerichtet werden, schreibt er in seiner Schrift
*An die Ratsherrn aller Städte deutschen Landes,
dass sie christliche Schulen aufrichten und halten
sollen* von 1524:

„Aber mein Rat ist nicht, dass man ohne Unterschied allerlei Bücher zusammenraffe und an
nichts mehr denke als nur an die Menge und den
Haufen der Bücher. Ich möchte die Wahl zwischen ihnen haben, so dass es nicht nötig ist, aller
Juristen Kommentare und aller Theologen Sen-
tenzen und aller Philosophen Quaestiones und
aller Mönche Predigten zu sammeln. Ja, ich wollte
solchen Mist ganz hinauswerfen und mit brauch-
baren Büchern meine ganze Bibliothek versorgen
und gelehrte Leute darüber zu Rate ziehen. Erstens
sollte die heilige Schrift auf Lateinisch, Griechisch,
Hebräisch und Deutsch darin sein, und wenn

vorhanden, noch in weiteren Sprachen. Dann die besten und ältesten Ausleger, auf Griechisch, Hebräisch und Lateinisch, wenn ich sie finden kann. Danach solche Bücher, die zum Sprachenlernen dienen, wie die Dichter und Redner, ohne Rücksicht darauf, ob sie Heiden oder Christen sind, auf Griechisch oder Lateinisch. Denn aus diesen muss man die Grammatik lernen. … Zu den wichtigsten aber sollten die Chronisten und Geschichtsbücher gehören, in welcherlei Sprachen man sie haben kann. Denn diese sind überaus nützlich, um den Lauf der Welt zu erkennen und zu beherrschen, ja auch, um Gottes Wunder und Werke zu sehen." Könnte das nicht auch eine Anregung für den Auf- bzw. Ausbau der persönlichen Bibliothek sein?

Das deutsche Wort *lesen* geht nach Kluges etymologischem Wörterbuch in seiner neueren Bedeutung *(ein Buch) lesen* (im Unterschied zur älteren Bedeutung auflesen, zum Beispiel Ähren lesen) auf das lateinische *legere* zurück, das zwar ursprünglich auch *auflesen* bedeutete, dann aber auch *einer Spur folgen*, woraus sich die Bedeutung *den Schriftzeichen folgen, lesen* entwickelte.

Mir gefällt diese Etymologie. In einer Zeit, in der alles schnell gehen muss, keiner mehr warten kann und der Bildschirm uns alles sofort serviert, hat es einen ganz besonderen Charme, selbst einer Spur zu folgen, vielleicht auch mal wieder ein paar

Schritte zurückzugehen und einen Pfad neu zu entdecken, und dabei das Tempo dieser Entdeckungsreise selbst zu bestimmen. Hat das nicht etwas wunderbar Freies und Souveränes?

Ich bin seit meiner Grundschulzeit ein leidenschaftlicher Leser und liebe Bücher, Buchläden, Antiquariate und Bibliotheken. Als ich im ersten Semester meines Geschichtsstudiums im Sonderlesesaal der Freiburger Universitätsbibliothek in einem Wiegendruck aus dem 15. Jahrhundert blättern durfte, war das ein ganz besonderer Moment. Und es fasziniert mich, wie ich in einem Buch in Verbindung mit einem Menschen treten kann, der in einer ganz anderen Kultur oder Epoche gelebt hat. Ob ich mir vom griechischen Historiker Herodot die Gepflogenheiten am Hof des persischen Großkönigs erklären lasse oder von Hermann Melville auf die Jagd nach *Moby Dick*, dem weißen Wal, geschickt werde – nie kehre ich als der zurück, der ich vor dieser Reise war.

In einer ganz besonderen, meine gesamte Existenz berührenden Weise gilt dies, wenn ich mich mit dem Buch der Bücher beschäftige: der Bibel, diesem Wort Gottes, das Kraft hat, mein Leben auf einen völlig neuen Kurs zu bringen, in dem ich dem lebendigen Gott begegnen und mit ihm in ein Zwiegespräch eintreten kann. Augustinus berichtet in seinen *Bekenntnissen* in einer der berühmtesten Bekehrungsgeschichten der Weltliteratur, wie er den Ruf einer Kinderstimme (*tolle lege* – Nimm und lies!) als Aufforderung Gottes verstand, den Römerbrief, der gerade in der Nähe lag, zur Hand zu nehmen. Die Stelle, die er aufschlug und las, Römer 13,13f., änderte sein Leben.

WER KOMMT MIT?

Tiefsinniges vor dem Bücherregal

Ich weiß nicht, ob Sie dieses Gefühl kennen: Nach Wochen nerven- und kräftezehrenden Renovierens, Umzugskisten Packens und in mehr oder weniger provisorischen Verhältnissen Lebens stehen Sie vor dem frisch eingeräumten Bücherregal in der fast fertigen neuen Wohnung (Sie jedenfalls sind fast fertig) und betrachten ihre teuren Freunde. Nicht alle haben den Umzug mitgemacht. In den zwei Jahrzehnten seit dem letzten Wohnungswechsel hat man sich mit manchen auseinandergelebt. Außerdem hatte sich in dieser langen Zeit auch der eine oder andere eingefunden, der nicht so recht zu uns allen passen wollte. Immerhin wurden für einige Plätze gefunden, an denen sie neue Freunde gewinnen könnten.

Bei vielen Weggefährten stellte sich die Frage, ob sie mitkommen, natürlich nicht. Auf die wunderbare Eichendorff-Ausgabe des Deutschen Klassiker Verlags will ich in Zukunft ebenso wenig verzichten wie auf die antiquarisch erworbene vierbändige Ausgabe der Werke Johannes Bobrowskis, die Eberhard Haufe noch zu DDR-Zeiten ebenso verständnisvoll wie kompetent ediert hatte. Die vom gleichen Herausgeber besorgte großartige Ausgabe von Barocklyrik *Wir vergehn wie Rauch von starken Winden* finde ich etwas weiter oben zwischen Grimmelshausen und August Hermann Francke. Auf dem selben Regalbrett weiter vorn stehen Martin Luthers Werke friedlich neben einem Band mit Schriften Thomas Müntzers – etwas, was zu Lebzeiten der beiden streitbaren Geister nicht denkbar gewesen wäre.

Mir fällt auf, dass einige mir besonders wertvolle Bücher aus dem Antiquariat stammen und der ideelle Wert den materiellen weit übersteigt. Bruno Franks zuerst in den 1930er-Jahren im Exil erschienenes Buch über Cervantes (Untertitel: *Das abenteuerliche Leben des Mannes, der den Don Quichote schrieb*) war ein solches Schnäppchen gewesen, pures Gold für den Preis von zwei Litern Diesel.

Was sagen die Bücher im Bücherregal über mich aus? Sie geben sehr viel von mir preis, von meiner Biografie, meinen sich entwickelnden Interessen, von dem, was mich als Mensch und als Nachfolger von Jesus geprägt hat. Wer mich kennenlernen will, sollte sich eher ein Verzeichnis meiner Bücher anschauen oder die Bücherregale in Augenschein nehmen, statt sich zum Beispiel anhand von Fotos ein Bild zu machen. Die Amerika gewidmeten Regale werden dominiert von Büchern, die sich mit der Situation der Afroamerikaner auseinandersetzen. Romane und Erzählungen Ralph Waldo Ellisons (*Der unsichtbare Mann*), die faszinierende Autobiografie *Die Farbe von Wasser* von James McBride, dessen Vater ein schwarzer Baptistenpastor und dessen Mutter die weiße Tochter eines Rabbiners war. Der Titel nimmt seine Frage auf, die er seiner Mutter als kleiner Junge gestellt hatte: Welche (Haut-)Farbe hat eigentlich Gott?

Neben anderen Büchern mit diesem thematischen Hintergrund, die mich geprägt und begleitet haben, ragt die fantastische dreibändige Geschichte der Bürgerrechtsbewegung von Taylor Branch heraus. Eine unglaubliche Forscherleistung und dabei über dreitausend Seiten packender Lektüre. In seiner Forschungsanlage und erzählerischen Struktur verwandt mit Saul Friedländers zweibändigem Werk *Das Dritte Reich und die Juden*. Ich schätze, das sind die zwei besten Geschichtswerke, die ich kenne.

Manche Bücher sind mitgekommen, weil ich mich (noch) nicht von ihnen trennen wollte. Aber vielen fühle ich mich heute noch so verbunden wie vor zehn oder zwanzig oder dreißig und mehr Jahren. Sie haben mir neue Welten eröffnet, mich in schwierigen Zeiten getröstet, mir Mut gemacht, meinen Weg zu gehen.

Biografien und Selbstzeugnisse sind eindeutig überrepräsentiert, stelle ich wieder fest. Ein Buch greife ich aus dieser Gruppe heraus, die Biografie George Washington Carvers, *Der Mann, der überlebte* von Lawrence Elliott. Meine Mutter hatte mir dieses Buch geschenkt, als ich vielleicht 17 Jahre alt war. Es war der Beginn meines bis heute ungebrochenen Interesses an afroamerikanischer Kultur, Literatur und Musik. Mir hat dieses Buch aber vor allem Mut gemacht, mich durchzubeißen, nicht auf die Widerstände zu schauen, sondern die Möglichkeiten zu suchen. Diese Geschichte eines Sklavenjungen, der anfangs darum gekämpft hatte, Lesen und Schreiben lernen zu dürfen, und der es schließlich bis zum anerkannten Gelehrten gebracht hatte. Der als junger Mann einen Lynchmord hatte mit ansehen müssen und der doch nicht hasserfüllt und bitter geworden war. Der Kraft aus seinem Glauben geschöpft hatte und der von Jesus gelernt hatte, stark und zugleich demütig und sanftmütig zu sein.

Beim letzten Umzug, der uns allen noch bevorsteht, werden diese Bücher nicht mehr mitkommen. Die Anstöße, die sie mir gaben, die Ermutigungen, mit Jesus im Alltag zu leben, werden aber vielleicht gerade für diesen letzten Reiseabschnitt wertvoll sein. Ich habe viel für mein Leben und meinen Glauben aus Büchern gelernt. Bücher gehören einfach dazu. Da geht es mir wie Paulus, der sie in einem Atemzug mit seinem Mantel nennt, wenn er Timotheus schreibt: „Den Reisemantel, den ich in Troas bei Karpus ließ, bringe mit, wenn du kommst; auch die Bücher, besonders die Pergamente" (2. Timotheus 4,13; Schlachter).

DAS GESCHENK

I.

Als Junge war ich fasziniert von Mineralien und Edelsteinen. Ein wunderschöner Amethyst und ein geheimnisvoller Achat mit Wassereinschluss aus Brasilien bildeten den Beginn einer kleinen Gesteinssammlung. Den Achat hätte ich allerdings nie entdeckt, wäre mir nur seine unscheinbare äußere Hülle begegnet und hätte ihn nicht ein kundiger Sammler gefunden und aufschneiden lassen, sodass das schöne Innere sichtbar wurde.

Geht es uns nicht auch mit manchen Geschenken so? Unscheinbar bleiben sie in ihrer Verpackung, weil wir schon zu wissen glauben, was drin ist (und nicht daran interessiert sind), oder weil wir der oder dem Schenkenden keine schöne Überraschung zutrauen oder nichts Gutes von ihm erwarten? Ich jedenfalls lernte den Wert mancher Geschenke erst mit der Zeit schätzen. Ein Geschenk, das mir im Laufe der Jahre immer wertvoller wurde und dessen Bedeutung mit jedem Tag größer wird, ist die Bibel.

Ich wuchs in einem gläubigen Elternhaus auf, wie man merkwürdigerweise sagt, wenn man meint, dass die Eltern an Gott glaubten und Jesus nachfolgten. Das bedeutete, dass die Bibel ein selbstverständlicher Bestandteil unseres Familienlebens war. Der Bibelspruch an der Wand des elterlichen Schlafzimmers, der Kalender mit Bibelworten, die Familienandachten, der Bibellesezettel für die tägliche „Stille Zeit" waren Grundbestandteile meiner Kindheit und Jugendzeit. Die Bibel war Gottes Wort und somit Norm für Fragen des ewigen Lebens ebenso wie unseres Alltags. Das war auf der einen Seite ein großer Vorteil, als mir klar wurde, dass ich mein Leben auch Jesus anvertrauen und ihm nachfolgen wollte. Die Bibel war mir schon vertraut und gehörte einfach dazu. Ein Nachteil, der sich aus dieser Selbstverständlichkeit ergab, war, dass mir gar nicht klar war, mit welch einem Schatz ich es da zu tun hatte.

Ein klein wenig bewusst wurde mir das, als ich in meiner Studentenzeit einem amerikanischen Kommilitonen ein Johannesevangelium in die Hand drückte und er den Prolog las und sofort fasziniert war: „Im Anfang war das Wort und das Wort war bei Gott und Gott war das Wort…" (Johannes 1,1). Jon war Jude und deshalb mit diesen Worten aus dem Neuen Testament vielleicht nicht vertraut. Es kann auch sein, dass ihn diese Worte packten, weil er ein Schriftsteller war und an einem Roman arbeitete, aber angesichts seines sichtlichen Berührtseins und seiner Begeisterung wurde mir zumindest ein wenig klarer, was für ein großartiger Schatz Gottes Wort ist, welche Schönheit und welche Kraft da drin steckt – für manche offensichtlich, für andere (wie mich) manchmal auch erst auf den zweiten Blick. Die Bibel ist ein Geschenk Gottes an uns, aber ein Geschenk, das ausgepackt werden will.

II.

Was ist das für ein Buch, die Bibel? Bis heute ist es das Buch mit der weitesten Verbreitung, den meisten Übersetzungen, den größten Druckauflagen. Aber bedeutet das, dass es auch am meisten geschätzt wird?

Es ist das mit großem Abstand am besten überlieferte und bezeugte antike Buch. Es ist das am gründlichsten erforschte (und auch zerlegte und zerfledderte) Buch. Es ist ein geliebtes und gesuchtes, aber auch ein gefürchtetes, verfolgtes und verbotenes Buch. Zu seiner an Merkwürdigkeiten und Wundern reichen Geschichte gehört etwa die fast ironische Pointe, dass noch in den letzten Jahrzehnten des 20. Jahrhunderts Bibeln mit großem Einsatz und unter hohem Risiko nach China geschmuggelt wurden und die Volksrepublik China heute der größte Produzent an Bibeln weltweit ist. Es gibt aber auch heute immer noch Staaten und Gegenden dieser Erde, wo es lebensgefährlich ist, eine Bibel zu besitzen. Ich kenne kein anderes Buch, dem ganz offensichtlich ein solches Bedrohungspotential für Unterdrücker zugeschrieben wird. Was ist das für ein Buch?

Die hebräische Bibel, die Bibel, die Jesus in- und auswendig kannte, und mit und in der er lebte, ist eingeteilt in drei Bereiche, das Gesetz (die Thora, also die fünf Bücher Mose), die Propheten (zu denen auch die historischen Bücher gezählt werden) und die Schriften, zu denen unter anderen das Buch Hiob und die Psalmen gehören. Diese jüdische Bibel Jesu war auch die Heilige Schrift für die Apostel und die erste christliche Gemeinde aus Juden und Nichtjuden. Zu ihrer Zeit gab es schon die Septuaginta, eine Übersetzung der hebräischen Bibel ins Griechische. In der war das später so genannte „Alte Testament" auf 39 ganz unterschiedliche Bücher aufgeteilt. In den Jahrzehnten nach dem Tod Jesu kamen dann die Schriften des später so genannten „Neuen Testaments" hinzu, die Apostelbriefe, die Evangelien, das Buch der Offenbarung, insgesamt 27 Bücher, die die meisten Kirchen heute als zur Bibel gehörend anerkennen.

Dabei ist nicht die Vielfalt das Besondere, sondern die bei aller Vielfalt deutlich spürbare Einheit, der rote Faden, der sich durch alle 66 Bücher dieser großartigen, über einen Zeitraum von mehreren Jahrhunderten entstandenen Bibliothek zieht. Es finden sich unzählige intertextuelle Bezüge, Verweise, Zitate und eine durchgängige Bildsprache vom ersten bis zum letzten Buch – und das bei vielen verschiedenen Autoren aus ganz unterschiedlichen Epochen und ohne eine „Endredaktion".

Nicht nur aus theologischen, sondern auch aus literaturwissenschaftlichen und historischen Gründen ist deshalb der immer wieder einmal unternommene Versuch, das sogenannte „Alte Testament" als für Christen irrelevant auszusortieren, völlig abwegig und entweder Beweis von Geistlosigkeit oder Hinweis auf unbewussten oder – wie bei den „Deutschen Christen" – sehr bewussten Antijudaismus. Auch viele bewusste Christen haben Schwierigkeiten zumindest mit Teilen des Alten Testaments und picken sich entweder die Rosinen heraus (manche Psalmen, einige Verheißungen und Trostworte, beispielhafte Geschichten) oder empfehlen, die jüdische Bibel sozusagen durch die Brille des Neuen Testaments zu lesen. Demgegenüber macht Guido Baltes in seinem empfehlenswerten Buch *Jesus, der Jude, und die Missverständnisse der Christen* (Marburg 2014) darauf aufmerksam, dass es viel sinnvoller wäre, das Neue Testament aus der Perspektive des Alten

Testaments zu lesen, denn fast alle Akteure und Autoren des Neuen Testaments „waren vom Alten Testament geprägt und lebten damit" (S. 172).

Das kostbare Geschenk, von dem wir hier sprechen, ist die gesamte Bibel Alten und Neuen Testaments, das sei hier ausdrücklich festgehalten. Sie ist kein Regelwerk für gelingendes Leben, obwohl sie viele wertvolle Regeln für gelingendes Leben enthält. Im Kern erzählt sie die Geschichte Gottes mit seiner Schöpfung und mit uns Menschen. Diese Geschichte beginnt am Anfang, mit der Schöpfungsgeschichte in den ersten Kapiteln des ersten Buches Mose und endet mit der grundlegenden Erneuerung, dem neuen Himmel und der neuen Erde und der wiederhergestellten Gemeinschaft Gottes mit den Menschen, von der wir im letzten Buch der Bibel, der Offenbarung des Johannes, lesen.

Eingebettet in diese große Geschichte sind viele kleine Geschichten, ist ein großartiges Gesetzeswerk, sind Bundesschlüsse Gottes mit einzelnen Menschen und mit seinem auserwählten Volk Israel, ist wunderbare Poesie, sind Lobpreislieder, praktische Lebensweisheit, kraftvolle Prophetie, philosophische Exkurse (Buch Prediger) und immer wieder Geschichten von Begegnungen des lebendigen Gottes mit ganz unterschiedlichen Menschen – Männern und Frauen, Kindern (wie

Samuel, 1. Samuel 1) und Alten (wie etwa Zacharias in Lukas 1). Und dann der Gipfelpunkt: die Geschichte, wie Gott in Jesus Mensch wird und unter uns lebt in vier Versionen, den Evangelien nach Matthäus, Markus, Lukas und Johannes. Jedes Evangelium setzt eigene Akzente und beleuchtet andere Facetten, aber alle erzählen die gleiche großartige Geschichte. Das größte Geschenk Gottes an uns Menschen.

III.

Wie gehe ich nun mit dem Geschenk um; wie packe ich es aus, ohne es zu beschädigen? Anders gesagt: Wie lese ich die Bibel? Denn lesen muss ich sie, sonst bleibt das Geschenk unausgepackt, der Schatz in der verschlossenen Kiste.

Wenn ich Sie im Folgenden an meinen Erfahrungen im Auspacken teilhaben lasse, dann nur, um Sie damit zu ermutigen, Ihre eigenen Erfahrungen zu machen und auszuprobieren, was zu Ihnen passt. Für mich war es ein wichtiger Schritt, als ich mich vor ein paar Jahren vom Beispiel eines Freundes anregen ließ, der die Bibel jedes Jahr in einer anderen Übersetzung von vorne bis hinten durchliest. Ich brauchte anfangs deutlich länger dazu, bin inzwischen bei der sechsten Übersetzung angekommen und spüre, wie ich langsam ein Gefühl für den großen Zusammenhang, die Einheit der gesamten Bibel bekomme. Zugleich mache ich auch beim wiederholten Lesen immer wieder neue Entdeckungen, lese ich Passagen, als läse ich sie zum ersten Mal.

Zusätzlich zu dieser fortlaufenden Lektüre, die ich nur weiterempfehlen kann, kommt das eingehendere Betrachten einzelner Abschnitte oder auch nur einiger weniger Verse, sei es, um eine bestimmte Frage zu klären, einen Text für eine Andacht oder Predigt zu erschließen, oder einfach über ein bestimmtes Gotteswort nachzusinnen. Neben dem zügigen Abschreiten einer Strecke, um ein Gefühl für das Ganze, die Zusammenhänge zu bekommen, ist das nun eher das Graben mit dem Spaten, die Tiefenbohrung, um das herauszuholen, was drinsteckt. Dafür nehme ich mir immer noch nicht genug Zeit, denn Zeit und Geduld und Ausdauer braucht es manchmal, um eine Entdeckung zu machen.

Beide Leseweisen sind mir wichtig geworden und ergänzen sich. Letztlich geht es ja darum, den Schatz zu heben: Gott durch sein lebendiges Wort, das verändernde Kraft hat, zu mir sprechen zu lassen. Dazu bedarf es einer bestimmten Haltung: Nicht ich bestimme über den Text, das Bibelwort, vielmehr bestimmt das Bibelwort – auch das sperrige und unbequeme – über mich, stellt mich in Frage, spricht zu mir. Die Bibel ist die letzte Autorität, nicht mein begrenzter Verstand. Zugleich bin ich darauf angewiesen, dass Gott selbst mir die Augen des Herzens öffnet, damit ich ihn erkennen kann. Paulus betet für die Gemeinde in Ephesus, „dass der Gott unseres Herrn Jesus Christus, der Vater der Herrlichkeit, euch gebe den Geist der Weisheit und der Offenbarung, ihn zu erkennen" (Epheser 1,17; Luther 2017). Ohne den Heiligen Geist kann ich vielleicht die Schönheit oder Größe eines Textes bewundern, aber ich werde Gott nicht erkennen und mein Herz wird unverändert bleiben.

Damit Herzens- und Lebensveränderung beim Lesen der Bibel geschieht, braucht es neben einer hörenden Haltung und der Bitte, der Heilige Geist möge mir die Schrift öffnen, aber noch ein Drittes, nämlich die Bereitschaft, das zu tun, was sein Wort mir sagt: „Darum, wer diese meine Worte hört und tut sie, der gleicht einem klugen Mann, der sein Haus auf Fels baute", leitet Jesus seine Parabel ein, mit der er seine berühmte Bergpredigt schließt (Matthäus 7,24; Luther 2017). Wenn ich mich auf sein Wort einlasse, dann beginnt es in mir zu wirken.

IV.

Denn das ist das besonders Wertvolle an diesem Geschenk: Die Bibel ist nicht nur Literatur (obwohl sie das auch ist; große Literatur, deren Bilder und Motive, von Adam und Eva über den Brudermord, über die Befreiung Israels aus der Sklaverei, über die Könige David und Salomo, über das Buch Hiob und vieles mehr große Teile der Weltliteratur beeinflusst haben) – es sind keine toten Buchstaben, es ist vielmehr Gottes lebendiges Wort. Gott gibt mir nicht nur Informationen, sondern er spricht durch sein Wort in mein Herz, in meine Situation hinein:

„Denn das Wort Gottes ist lebendig und kräftig und schärfer als jedes zweischneidige Schwert und dringt durch, bis es scheidet Seele und Geist, auch Mark und Bein, und ist ein Richter der Gedanken und Sinne des Herzens" (Hebräer 4,12; Luther 2017).

Nur wenn ich mit Herz und Verstand unterschreibe, was Paulus an seinen Schüler und Freund Timotheus schreibt (dabei bezog er sich übrigens auf das Alte Testament), wird die Bibel ihre Wirkung entfalten: „Denn alles, was in der Schrift steht, ist von Gottes Geist eingegeben, und dementsprechend groß ist auch der Nutzen der Schrift: Sie unterrichtet in der Wahrheit, deckt Schuld auf, bringt auf den richtigen Weg und erzieht zu einem Leben nach Gottes Willen" (2. Timotheus 3,16; NGÜ).

EINTAUCHEN IN EINE
VERTRAUTE FREMDE WELT

Es gibt viele Weisen, die Bibel zu lesen. Und wenn Sie ähnlich gestrickt sind wie ich, lesen Sie die Bibel in unterschiedlichen Situationen auch ganz unterschiedlich. Manchmal wollen wir damit eine selbst auferlegte Pflicht erfüllen, manchmal suchen wir nach Unterstützung für unseren theologischen, politischen, gesellschaftlichen oder persönlichen Standpunkt und manchmal leider auch nach Munition, um andere Standpunkte, die uns nicht gefallen, zu erschüttern.

Auf die nach meiner Ansicht beste Weise, die Bibel zu lesen, hat mich der amerikanische Theologe und Dichter Eugene H. Peterson gebracht mit seinem schönen Buch *Eat This Book – A Conversation in the Art of Spiritual Reading*, das auf Deutsch unter dem Titel *„Nimm und iss..." Die Bibel als Lebensmittel* im Neufeld Verlag erschien. Die Bibel essen, Satz für Satz bedächtig kauen, die Worte auf Hirn, Herz, Muskeln und Magen einwirken lassen. Ja, auch auf den Körper. Den Satz: „Fürchte dich nicht!" auf mich einwirken lassen, bis sich auch mein Körper entspannt unter diesem Zuspruch und mir die Gegenwart des lebendigen dreieinigen Gottes bewusst wird.

Bibellesen ist aber mehr als eine stärkende Mahlzeit für Geist und Seele. Wenn ich die Bibel aufschlage, mache ich mir klar, dass ich jetzt in die Welt der Bibel eintrete, vertraut und fremd zugleich, in die echte Wirklichkeit, die tiefer und breiter und höher ist als das, was ich mit meinen Sinnen wahrnehmen kann. Und hier bin nicht ich der, der bestimmt, was er behält und was nicht, vielmehr bestimmt und formt die Bibel mich. Durch sie spricht der lebendige Gott zu mir. Ich trete in die Gemeinschaft des dreieinigen Gottes ein, wenn ich die Bibel mit offenem Herzen aufschlage. Was für eine wunderbare Wahrheit.

WELCHE CHANCEN BIETET DER UNTERGANG DES „CHRISTLICHEN ABENDLANDES" FÜR CHRISTEN?

Das Klagelied über den Untergang des „christlichen Abendlandes" hat viele Strophen und erschallt seit einiger Zeit wieder lauter. Natürlich wird kein vernünftiger Christenmensch begeistert sein über die kulturellen und gesellschaftlichen Entwicklungen insbesondere der letzten drei, vier Jahrzehnte in Europa. Neben historischen Ereignissen wie dem Verschwinden des Eisernen Vorhangs, die Grund zur Dankbarkeit sind, gibt es Entwicklungen, die zeigen, was die immer wieder beschworenen christlichen Werte in europäischen Gesellschaften noch wert sind: nicht mehr viel. Bevor ich jedoch auch in besagtes Klagelied einstimme, will ich einmal versuchen, das Geschehen aus einer anderen Perspektive zu sehen.

Inspiriert hat mich dazu Stuart Murrays Buch *Nackter Glaube – Christsein in einer nachchristlichen Welt* (Neufeld Verlag). Murrays These lautet zugespitzt, dass wir Christen jetzt wieder herausgefordert sind, uns auf das zu besinnen, was das Christsein eigentlich ausmacht, wenn es nicht mehr mit der staatlichen Macht verbündet ist, wenn sein Einfluss auf die Gesellschaft schwindet. Im Prinzip nähern wir uns wieder der Situation der Christen vor der konstantinischen Wende im vierten Jahrhundert an. In den ersten drei Jahrhunderten „hatte die Kirche von den Rändern der Gesellschaft her in sie hinein gewirkt. Konstantin lud nun die Kirche dazu ein, in die Mitte zu kommen und ihm bei der Christianisierung des Reiches zur Seite zu stehen" (S. 24). Mit seiner großzügigen Unterstützung der Kirche setzte Konstantin „einen Prozess in Gang, der zwar Jahrhunderte bis zu seiner Vollendung benötigte, der aber letztendlich ganz Europa in eine christianisierte Gesellschaft hineinführte" (ebd.) – also, das, was wir als „christliches Abendland" kennen.

Auch Murray bestreitet nicht, dass diese von der weltlichen Macht geförderte Form des „Christentums" gewaltige zivilisatorische Leistungen in Europa erbracht hat. Aber er greift ein Argument auf, dass in der Kirchengeschichte, verstärkt seit der Reformation – dort vom sogenannten „radikalen Flügel", zu dem unter anderem die Täufer gezählt werden – über den radikalen Pietismus bis heute, immer wieder vorgebracht wird: nämlich dass die staatlich unterstützte, geförderte und auch geprägte Form des „Christentums" „den christlichen Glauben gravierend verfälscht" habe (ebd.): „Auf dem Weg vom Rand ins Zentrum zahlte die Kirche einen hohen Preis: Jesus wurde aus dem

Zentrum an den Rand gedrängt" (ebd.). Mit der gewaltigen Zahl von Menschen, die in die Kirche strömten, sei die ursprüngliche gründliche Glaubensunterweisung, die die Lehre und das Leben Jesu den frisch getauften Christen als Richtschnur für ihr eigenes Christsein deutlich vor Augen gemalt habe, hoffnungslos überfordert gewesen. Stattdessen seien zunehmend die Einheitlichkeit des Glaubens und das Vermeiden von Irrlehren betont worden. Leben und Lehre Jesu, etwa die Bergpredigt, schienen nicht mehr so wichtig zu sein. Es gab „nachvollziehbare Gründe, warum die Reichskirche Jesus marginalisierte. Seine Lehre war ja schon für eine machtlose, unbedeutende Gemeinschaft herausfordernd genug gewesen. Sie erschien nun aber Christen, die Verantwortung für ein Imperium übernahmen, völlig unrealistisch und ungeeignet" (S. 25). Wie sollte man Jesu Gebot der Feindesliebe in die Außenpolitik übersetzen? Und es waren nicht nur die Lehren Jesu, die die Kirche herausforderte, die inzwischen zu einem Machtfaktor geworden war und „die einen Ehrenplatz in einer hierarchischen Gesellschaft akzeptierte und genoss" (S. 26). Sein Lebensstil wollte ebenfalls überhaupt nicht mehr in die neue Situation passen: „Als die Kirche immer mehr unter die ‚Macher' ging, wurde es schwieriger zu verstehen, wie man dem ‚Freund der Sünder' zu folgen und den nachzuahmen habe, der eindeutig den ‚Gebeu-telten' Priorität einräumte" (ebd.).

Über das Bündnis der Kirche mit dem Staat und seine Folgen für den Glauben ist natürlich schon vieles geschrieben worden und die eben geschilderten Sachverhalte sind nicht neu. Diesen Befund jetzt aber auf die Situation der Christen heute anzuwenden, in der diese Form des Christentums im Schutz des Staates und den Staat verteidigend sich auflöst oder schon ganz verschwunden ist, und zu fragen, was das für den Glauben bedeuten kann, war für mich ein erfrischender und hilfreicher Ansatz.

Murray seinerseits lässt sich bei seiner Suche nach Antworten auf die Frage: „Wie kann es für uns Christen weitergehen, wo uns der Wind wieder immer stärker ins Gesicht bläst?" von der Geschichte der Täufer inspirieren. Er sieht im Weg der Täufer und ihrer Lehre ein Modell, von dem Christen heute – wo sie zunehmend gesellschaftlich marginalisiert werden – lernen können.

Denn die Täufer kennen es, gesellschaftlich marginalisiert zu sein. Häufig waren sie nicht einmal geduldet, wurden vertrieben und verfolgt, von Obrigkeiten, die sich als christlich verstanden, meist im Verbund mit und häufig sogar dazu gedrängt von der Kirche, ob katholisch, lutherisch oder reformiert.

Nicht dass ihr Weg immer geradlinig gewesen wäre; es finden sich auch in der Tradition der Täufer Holz- und Irrwege. Aber ihre Fokussierung auf die Lehren Jesu, allen voran die Bergpredigt, und ihre radikale Orientierung an seinem Lebensstil in einer Nachfolge, die bereit ist, um Jesu willen sein Kreuz auf sich zu nehmen, ihr mutiges Bekennen und Bezeugen sind sicherlich Elemente, die unserem Glauben heute Substanz und Strahlkraft verleihen können.

Das Verschwinden des „christlichen Abendlandes" ist ein Verlust – vor allem für die Gesellschaft, die ihren christlichen Grundlagen viel mehr verdankt, als ihr bewusst ist. Es ist auch ein Verlust für uns Christen – an Macht und Einfluss, auch an Sicherheit. Ich persönlich habe mich jedoch dafür entschieden, nicht beim Klagen stehen zu bleiben, oder gar zu resignieren, sondern die Gelegenheit zu nutzen, umzukehren und umzudenken (altmodisch könnte ich auch sagen: Buße zu tun). Ich will es als Chance nutzen, meinen Glauben zu vertiefen. Radikaler meinen Glauben zu leben. Die Bibel, Gottes lebendiges Wort als Nahrungsquelle zu nutzen. Fröhlicher von Jesus zu reden.

Ich habe viel zu selten das klare neutestamentliche Gebot beachtet, für die Regierungen und Menschen, die politisch und gesellschaftlich Verantwortung tragen, zu beten. Das will ich ändern.

Jesus sagt am Schluss der Bergpredigt: „wer diese meine Worte hört und tut" – das soll in Zukunft mein Lebensprinzip Nr. 1 sein. „Trachtet zuerst nach Gottes Reich" – noch so ein Gebot Jesu, das meine Nachfolge bestimmen soll. Unbeirrt auf Jesus schauen, in der Gegenwart des lebendigen dreieinigen Gottes zu leben, in seinem Reich, das wird mir helfen, Licht und Salz für die zu sein, in deren Mitte ich lebe.

Auch wenn wir künftig zunehmend vom Rand in die Gesellschaft hineinwirken müssen wie zur vorkonstantinischen Zeit, muss unser Licht deshalb nicht schwächer leuchten. Ich spüre meine Abhängigkeit von Gott in einer Zeit sinkenden „christlichen Grundwasserspiegels" stärker als früher. Ich brauche ihn – und ich bin dankbar, dass der Herr mein Hirte ist, bei dem mir nichts mangelt, der mich leitet und ermutigt und meinen Tisch auch im Angesicht meiner Feinde deckt (vergleiche Psalm 23).

HEILIGUNG – NACHFOLGE

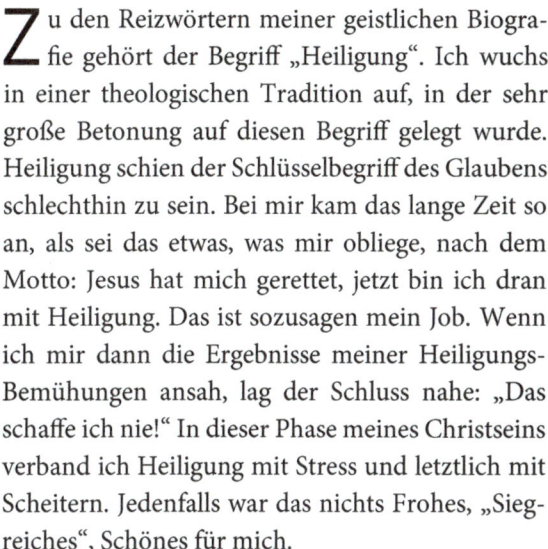

In der Nachfolge geht es nicht um unser eigenes Tun, sondern darum, Gott Raum zu geben, dass er in uns leben kann.

Johann Heinrich Arnold

Zu den Reizwörtern meiner geistlichen Biografie gehört der Begriff „Heiligung". Ich wuchs in einer theologischen Tradition auf, in der sehr große Betonung auf diesen Begriff gelegt wurde. Heiligung schien der Schlüsselbegriff des Glaubens schlechthin zu sein. Bei mir kam das lange Zeit so an, als sei das etwas, was mir obliege, nach dem Motto: Jesus hat mich gerettet, jetzt bin ich dran mit Heiligung. Das ist sozusagen mein Job. Wenn ich mir dann die Ergebnisse meiner Heiligungs-Bemühungen ansah, lag der Schluss nahe: „Das schaffe ich nie!" In dieser Phase meines Christseins verband ich Heiligung mit Stress und letztlich mit Scheitern. Jedenfalls war das nichts Frohes, „Siegreiches", Schönes für mich.

Anfang der 1980er-Jahre beschäftigte ich mich dann im Rahmen meines Geschichtsstudiums mit Martin Luther und der Reformation. Luthers reformatorischer Durchbruch war ja seine Entdeckung, dass die „Gerechtigkeit Gottes" nicht die ist, die Gott fordert, sondern die er schenkt. Nämlich allen, die sie im Glauben an das, was Christus für sie getan hat, annehmen.

Als ich das las und für mich selbst verstand, erlebte ich eine ungeheure Befreiung. Christus hat mich nicht nur gerettet und erlöst, er hat mich auch geheiligt (1. Korinther 1,30). Jesus von Nazareth, der Sohn des lebendigen Gottes, hat alles für mich getan. Durch sein Opfer am Kreuz wird die neue Geburt durch den Heiligen Geist möglich; dadurch bin ich Mitglied der Familie Gottes, ich darf in seiner Gegenwart sein, in Gemeinschaft mit ihm leben. Der ganze Stress fiel von mir ab, eine unglaubliche Freude über unseren großartigen Gott erfüllte mein Herz. Der Begriff Heiligung hatte seinen Schrecken verloren. Mein Heil war durch Jesus ein für alle Mal gesichert, ich konnte und musste dafür keinen eigenen Beitrag mehr leisten.

Auf das Missverständnis meiner frühen Jahre – Heiligung = Stress – war die Befreiung gefolgt, die sozusagen die „mittleren Jahre" meines geistlichen Werdegangs prägte: Die Heiligung hat Christus für mich erledigt. Irgendwann wurde mir aber klar, dass auch das ein einseitiges Verständnis von Heiligung ist. Dass Heiligung etwas damit zu tun hat, wie ich lebe, ist nicht zu übersehen, wenn ich etwa

146

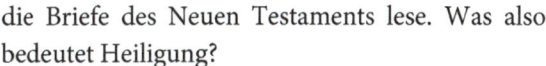

die Briefe des Neuen Testaments lese. Was also bedeutet Heiligung?

Heiligung ist der Prozess, den Paulus im zweiten Korintherbrief so beschreibt: „Ja, wir alle sehen mit unverhülltem Gesicht die Herrlichkeit des Herrn. Wir sehen sie wie in einem Spiegel, und indem wir das Ebenbild des Herrn anschauen, wird unser ganzes Wesen so umgestaltet, dass wir ihm immer ähnlicher werden und immer mehr Anteil an seiner Herrlichkeit bekommen. Diese Umgestaltung ist das Werk des Herrn; sie ist das Werk seines Geistes" (2. Korinther 3,18; NGÜ). Die Verwandlung (Heiligung) ist das Werk Gottes, aber ich bin auch beteiligt, ich werde verwandelt, *indem ich den Herrn anschaue.*

Das bringt mich zu einem inhaltlich verwandten Begriff, der mir in den letzten Jahren immer wichtiger wurde. Es ist der Begriff der „Nachfolge" oder „Jünger (Schüler) von Jesus sein". Wie hängen die Begriffe Heiligung/Verwandlung in das Ebenbild Gottes und Nachfolge zusammen?

Der schwedische Pfarrer und Autor Anders-Petter Sjödin formuliert es in seinem überaus lesenswerten Buch *Verwandelt in Gottes Nähe* (Neufeld Verlag) so: „Die Verwandlung unserer Herzen ist möglich, wenn wir auf den Ruf Jesu, ihm zu folgen und seinen Lebensstil nachzuahmen, antworten. Wenn wir das tun, was gerade vor uns liegt – geistliche Übungen zu praktizieren –, dann tut Gott das, was wir nicht tun können, er verwandelt unsere Seele."

Sjödin bringt hier einen weiteren Begriff ins Spiel, der bei einigen Christen vielleicht verdächtig klingt, weil er mit bestimmten Frömmigkeitstraditionen in Verbindung gebracht wird, der jedoch seine Wurzeln in Lehre und Leben von Jesus und den Aposteln hat:

„Geistliche Übungen sind heilige Gewohnheiten für ein Leben, das Frucht bringt. Sie dienen dazu, den Garten des Herzens zu bestellen und die besten Voraussetzungen für das Wachstum zu schaffen. Geistliche Übungen sind eine Art Systematisierung des Lebensstils Jesu. Wir praktizieren sie, weil Jesus sie praktiziert hat, weil seine Jünger sie praktiziert haben und weil er uns aufgefordert hat, sie zu praktizieren. Durch diese Übungen schaffen wir in unserem Leben Raum für Gott und gewähren ihm Zugang zu unserem Herzen, damit es verwandelt werden kann" (Sjödin).

Gemeint ist damit also, dass wir uns von Jesus und seinen Jüngern Verhaltensweisen abschauen und angewöhnen, die dem Heiligen Geist Platz machen in unserem Herzen und in unserem Leben, damit er unser Wesen verwandeln kann. Denn der Heilige Geist wird sich uns nicht aufdrängen und „zwangsverwandeln". Der lebendige Gott möchte

148

mit uns zusammenwirken, weil er in Gemeinschaft, in einer persönlichen Beziehung mit uns leben will.

Es geht hier nicht um die lebensentscheidende Frage unseres Heils – die hat Jesus für uns beantwortet. Es geht um die allerdings auch wichtige Frage: Wie lebe ich denn als Schüler von Jesus, als von Gott geborener neuer Mensch, wie wird mein Charakter dem von Jesus ähnlich?

Was sind das für Übungen? Die wichtigste ist vielleicht, Zeit in der Gegenwart Gottes zu verbringen (so wie Jesus es auch gemacht hat), sich anzugewöhnen, jeden Tag (bei Jesus war es der frühe Morgen) bewusst Zeit in der Gegenwart des lebendigen Gottes zu verbringen. In Stille vor Gott, im Hinhören, in Dank, Anbetung und Fürbitte, im Lesen, Buchstabieren und Betrachten seines Wortes. Jesus sagt in Johannes 5,19: „Ich sage euch: Der Sohn kann nichts von sich selbst aus tun; er tut nur, was er den Vater tun sieht. Was immer der Vater tut, das tut auch der Sohn. Denn der Vater hat den Sohn lieb und zeigt ihm alles, was er tut. Ja, der Sohn wird noch viel größere Dinge tun, weil der Vater sie ihm zeigt – Dinge, über die ihr staunen werdet" (NGÜ). Jesus hat sich viel Zeit genommen, um mit seinem Vater Gemeinschaft zu haben. Auch wir werden die Werke, die Gott schon vorbereitet hat, „damit wir darin wandeln sollen" (Epheser 2,10), nur wahrnehmen, wenn wir uns Zeit nehmen für die Gemeinschaft mit dem lebendigen Gott.

Dann sollten wir uns darin üben, konsequent das zu tun, was Jesus uns aufträgt, etwa in der Bergpredigt – ohne Wenn und Aber oder theologische Verbrämungen unserer Unwilligkeit und Bequemlichkeit. Der lebendige Gott lebt in uns und will, dass wir in ihm leben, das bedeutet: Wir haben vollen Zugang zu seinen Möglichkeiten und können uns nicht mit unserem natürlichen Unvermögen herausreden. Der Apostel Petrus formuliert den hier skizzierten Sachverhalt so (2. Petrus 1,5): „Darum setzt alles daran, dass zu eurem Glauben Charakterfestigkeit kommt…" (NGÜ). Es werden keine unfruchtbaren Anstrengungen sein, kein „Stress ohne Ende", weil Gott alle Voraussetzungen geschaffen hat: „In seiner göttlichen Macht hat Jesus uns alles geschenkt, was zu einem Leben in der Ehrfurcht vor ihm nötig ist. Wir haben es dadurch bekommen, dass wir ihn kennen gelernt haben – ihn, der uns in seiner wunderbaren Güte zum Glauben gerufen hat. In seiner Güte hat er uns auch die größten und kostbarsten Zusagen gegeben. Gestützt auf sie, könnt ihr dem Verderben entfliehen, dem diese Welt aufgrund ihrer Begierden ausgeliefert ist, und könnt Anteil an seiner göttlichen Natur bekommen" (2. Petrus 1,3.4; NGÜ).

ZUM AUTOR

Thomas Baumann wurde 1961 in einem Dorf in Südbaden geboren. Nach seinem Studium der Geschichte und Germanistik (Dr. phil. 1990) arbeitet er als Verlagslektor (seit 2010 im Neufeld Verlag) und half dabei mit, einige Hundert Bücher zur Welt zu bringen. Seit 2009 unterrichtet er auch an einer christlichen Schule.

Seine Leidenschaft gilt seiner Familie – er ist seit 1985 mit Claudia verheiratet, die beiden haben drei erwachsene Kinder, zwei Schwiegerkinder und eine Enkeltochter –, Büchern, Blues, Gospel und Soul, dem Begleiten junger Menschen und vor allem Jesus und seiner Königsherrschaft.

Veröffentlichungen:

Zwischen Weltveränderung und Weltflucht. Zum Wandel der pietistischen Utopie im 17. und 18. Jahrhundert. Lahr 1991.

Mitherausgeber: Klaus Deppermann, *Protestantische Profile von Luther bis Francke. Sozialgeschichtliche Aspekte.* Göttingen 1992.

Herausgeber: Gerhard Tersteegen, *In Gottes Gegenwart. Gedanken zum geistlichen Leben.* Schwarzenfeld 2011.

Mit Lukas Baumann gründete Thomas Baumann 2007 das Magazin *respect/// Christentum/ Kultur/ Menschenwürde*, von dem bis 2010 sechs Ausgaben erschienen.

WEITERE BÜCHER
AUS DEM NEUFELD VERLAG

Kenneth E. Bailey, *Der ganz andere Vater –*
Die Geschichte vom verlorenen Sohn aus nahöstlicher
Perspektive. ISBN 978-3-937896-23-6, 4. Auflage 2021

Markus Baum, **Eberhard Arnold** *– Ein Leben im*
Geist der Bergpredigt. ISBN 978-3-86256-035-6, 2013

Markus Baum, *Jochen Klepper.*
ISBN 978-3-86256-014-1, 3. Auflage 2021

Bruder Lorenz (herausgegeben von Reinhard
Deichgräber), *All meine Gedanken sind bei dir –*
In Gottes Gegenwart leben.
ISBN 978-3-937896-56-4, 3. Auflage 2014

Friedemann Büttel, *Mehr! Warum es sich lohnt,*
Jesus zu folgen. ISBN 978-3-86256-158-2, 2020

Bruxy Cavey, *Jesus. Punkt.*
Gute Nachricht für Suchende, Heilige und Sünder.
ISBN 978-3-86256-094-3, 2019

Timothy J. Geddert, *Das immer wieder Neue*
Testament. ISBN 978-3-86256-161-2, 2021

Adam Hamilton, *Gegen die Angst –*
31 Lektionen der Hoffnung für unsichere Zeiten.
ISBN 978-3-86256-163-6, 3. Auflage 2021

Stuart Murray, *Nackter Glaube – Christsein in einer nachchristlichen Welt.* Edition Bienenberg, Band 5. ISBN 978-3-86256-046-2, 2. Auflage 2020

Henri J. M. Nouwen, *Jesus nachfolgen – Nach Hause finden in einem Zeitalter der Angst.* ISBN 978-3-86256-162-9, 2021

Bernhard Ott, *Tänzer und Stolperer – Wenn die Bergpredigt unseren Charakter formt.* ISBN 978-3-86256-156-8, 2019

Bernhard Ott, *Wegbegleiter in Krisenzeiten – Impulse von Martin Buber.* ISBN 978-3-86256-165-0, 2020

Eugene H. Peterson, *„Nimm und iss …"* Die Bibel als Lebensmittel. ISBN 978-3-86256-045-5, 2014

Anders-Petter Sjödin, *Verwandelt in Gottes Nähe.* ISBN 978-3-86256-021-9, 2012

Gary L. Thomas, *Die Kraft der unscheinbaren Kleinigkeiten – Vom Abenteuer, Jesus ähnlich zu werden.* ISBN 978-3-86256-028-8, 2012

Jean Vanier, *Ich und Du: dem anderen als Mensch begegnen.* ISBN 978-3-86256-036-3, 2013

Dallas Willard, *Jünger wird man unterwegs – Jesus-Nachfolge als Lebensstil.* ISBN 978-3-86256-008-0, 5. Auflage 2018

Der **NEUFELD** VERLAG *ist ein unabhängiger, inhabergeführter Verlag mit einem ambitionierten Programm.*

Bei Gott sind Sie willkommen!

Und zwar so, wie Sie sind.

Uns liegt am Herzen, dass Menschen erfahren:

- Der christliche Glaube ist keine Religion, sondern lebt von **Beziehung**.
- Es gibt nichts Besseres, als **mit Jesus zu leben**.
- Es lohnt sich, die **Bibel** für das eigene Leben zu lesen.
- Die **Gemeinschaft mit anderen Christen** fordert uns heraus und hilft uns.

Menschen mit Behinderung bereichern uns!

Sie haben uns etwas zu sagen und zu geben, zum Beispiel:

- Sie erinnern uns daran, dass jeder Mensch **einzigartig** ist.
- Sie zeigen uns, dass der **Wert** eines Menschen nichts mit seiner Leistungsfähigkeit zu tun hat.
- Sie bremsen uns immer wieder aus und halten uns vor Augen, was im Leben **wesentlich** ist.
- Sie lassen uns erkennen, dass das Leben **erfüllt** sein kann – auch wenn es anders kommt.

Stellen Sie sich eine Welt vor, in der jeder willkommen ist! *neufeld-verlag.de*

Dieses Buch wurde **in Deutschland** hergestellt.

Das **Papier**, das dafür verwendet wurde, ist FSC®-zertifiziert. Als unabhängige, gemeinnützige, nichtstaatliche Organisation hat sich der *Forest Stewardship Council*® (FSC®) die Förderung des verantwortungsvollen und nachhaltigen Umgangs mit den Wäldern der Welt zum Ziel gesetzt.

Außerdem unterstützen wir ein **Waldschutzprojekt** in Brasilien. Auf über 86.000 Hektar schützt das Projekt *Ecomapuá* den Wald an der Amazonasmündung und verbietet kommerzielle Abholzung. Für die 400 ansässigen Familien schafft es alternative Einkommensquellen, zum Beispiel durch den Handel mit der Açaí-Frucht. So fördert das Projekt die Entwicklung in einer der ärmsten Regionen im Nordosten Brasiliens.

Dieses Buch wurde bewusst nicht in Folie eingeschweißt; unser Versandpartner verwendet zudem Papier und nicht Plastik als Füllmaterial.

Stellen Sie sich eine Welt vor, in der jeder willkommen ist! *neufeld-verlag.de*